FALEI SEM PENSAR

ANA ALVAREZ

FALEI SEM PENSAR

Como se comunicar bem, com clareza e sem conflitos

Diretor-presidente:
Jorge Yunes
Gerente editorial:
Luiza Del Monaco
Editoras:
Gabriela Ghetti, Malu Poleti
Assistentes editoriais:
Júlia Tourinho, Mariana Silvestre
Suporte editorial:
Nádila Sousa
Estagiária editorial:
Emily Macedo
Coordenadora de arte:
Juliana Ida
Assistente de arte:
Vitor Castrillo
Gerente de marketing:
Cláudia Sá
Analistas de marketing:
Flávio Lima, Heila Lima
Estágiaria de marketing:
Carolina Falvo

Falei sem pensar
© Ana Alvarez, 2022
© Companhia Editora Nacional, 2022

Todos os direitos reservados. Nenhuma parte desta obra pode ser reproduzida ou transmitida por qualquer forma ou meio eletrônico, inclusive fotocópia, gravação ou sistema de armazenagem e recuperação de informação sem o prévio e expresso consentimento da editora.

1ª edição – São Paulo

Preparação:
Tatiana Allegro
Revisão:
Leila dos Santos, João Rodrigues
Diagramação:
Balão Editorial
Projeto de capa:
Valquíria Palma
Apoio de criação de capa:
Doda Ferrari

DADOS INTERNACIONAIS DE CATALOGAÇÃO NA PUBLICAÇÃO (CIP) DE ACORDO COM ISBD

```
A473f    Alvarez, Ana
         Falei sem pensar / Ana Alvarez. - São Paulo, SP :
         Editora Nacional, 2022.
             256 p. ; 14cm x 21cm.

             ISBN: 978-65-5881-124-4

             1. Comunicação. 2. Sociedade. I. Título.

                                            CDD 302.2
2021-1456                                   CDU 316.771
```

Elaborado por Odilio Hilario Moreira Junior - CRB-8/9949

Índice para catálogo sistemático:
1. Comunicação 302.2
2. Comunicação 316.77

NACIONAL

Rua Gomes de Carvalho, 1306 – 11º andar – Vila Olímpia
São Paulo – SP – 04547-005 – Brasil – Tel.: (11) 2799-7799
editoranacional.com.br – atendimento@grupoibep.com.br

SUMÁRIO

Introdução 7

CAPÍTULO 1: Aprendizados básicos 11

CAPÍTULO 2: Comunicação e emoções 39

CAPÍTULO 3: Clareza, escuta ativa e persuasão 67

CAPÍTULO 4: Comunicação no trabalho 97

CAPÍTULO 5: Comunicação e relações amorosas 133

CAPÍTULO 6: Falando com a família 145

CAPÍTULO 7: Falando bem em público 173

CAPÍTULO 8: Lidando com conversas difíceis
e situações delicadas 193

CAPÍTULO 9: Como escrever bem 209

CAPÍTULO 10: Palavras finais 233

Apêndice 239

Introdução

A maioria das pessoas me conhece como fonoaudióloga clínica, doutora em Ciências pela Faculdade de Medicina da Universidade de São Paulo. Comecei a clinicar há mais de 35 anos, atendendo crianças, e hoje lido principalmente com adultos, além de dar aulas e escrever sobre comunicação, ciência e aprendizagem. Mas, para além de tudo isso, posso dizer que minha principal função nesse trabalho é: desenvolver pessoas e transformar vidas.

Desde pequena, sempre desejei melhorar o estado das coisas, então gostava de ensinar; e falava, falava... ensinando as bonecas da vizinhança, que, lado a lado, imóveis, fixavam os olhos em mim. As bonecas ficavam e as amigas saíam, pois acredito que elas se cansavam de me ouvir – eu gaguejava. E, com a certeza de que daria um jeito "naquilo", fui estudando todas as minhas ações e reações, até que consegui manejar a fala com alguns movimentos de mão, pressões no pescoço e sopro. Aí, sim, sentindo-me livre e certa de que a vida tinha de ser boa para mim e para todos que estavam por perto, saí falando pelo mundo afora, vitoriosa! Também sou perfeccionista; sinto necessidade de deixar o mundo melhor do que como o encontrei. E sou otimista também. Combinação perigosa, mas sempre tenho certeza de que tudo vai ficar perfeito para mim e para o outro. Meu olhar é crítico e algumas vezes diz: "Você é capaz de fazer melhor". Dúvidas que me assolavam e ainda assolam são: Qual será o melhor de cada coisa? Há uma resposta para isso? Lembro-me de meu pai, sempre apressado, me pedindo para fazer o melhor sempre. Até na hora de cortar um pedaço de fio dental, para ele eu teria de fazer o meu melhor. Eu lhe perguntava a medida. Ele dizia: "o suficiente". Eu tinha dúvidas de quanto seria "o suficiente" e fui perguntando a ele e medindo todos os dias, certa de que chegaria à solução. Cheguei ao ideal quando meu pai disse: "está ótimo". Medi. Era um palmo e três dedos. A partir de então, enquanto ele escovava os dentes, eu cortava a quantidade suficiente ideal de um palmo e três dedos. Era o meu "melhor". Entenderam o perfeccionismo com otimismo?

Desde cedo percebi, à própria custa, que o tipo de comunicação determina quem somos, a forma como habitamos o mundo e o modo como somos percebidos. Treinei muito para construir uma boa comunicação, e atualmente boa parte das pessoas que chegam até mim em busca de orientação começa suas queixas com dúvidas sobre a melhor maneira de se comunicar em família e no trabalho. Eu digo a elas, de início, e com o otimismo que me é característico, que tudo na vida depende de uma boa estratégia e que, com isso em mente, podemos começar a construir a estratégia ideal para cada fala específica e para cada dificuldade específica.

É fácil mudar a forma e o estilo da comunicação? Depende do seu desejo, da dedicação e do comprometimento. Sob o ponto de vista da neurociência do comportamento, há três fatos principais que realmente nos ajudam a mudar um comportamento, segundo a neurocientista Tali Sharot:

1. *Incentivos sociais*: todos gostamos de ouvir a opinião positiva dos outros e de ser admirados pelos pares. Logo, enfatizar nossos feitos e as boas ações de outros é um bom começo.
2. *Recompensa imediata*: valorizamos recompensas imediatas, recompensas certas, que sejam obtidas no mesmo instante. Logo, quando se sentir vitorioso, cumprimente-se na hora, com um elogio em voz alta. A sensação será maravilhosa para pequenas e grandes vitórias. Como diz o ditado: "Melhor ter um pássaro na mão do que dois voando". Fique contente com cada pássaro!
3. *Monitoramento contínuo*: usando informação positiva, isto é, valorizando pequenos avanços e conversando consigo mesmo com frases afirmativas (por exemplo, "Estou entusiasmado porque hoje já consegui começar a fazer os exercícios de fala"), podemos mostrar a nós mesmos as vantagens da mudança de determinado comportamento (no caso de nosso livro, de falar e se comunicar melhor).

Humanos tendem a buscar progresso. Com os devidos incentivos, com as pequenas vitórias e com um monitoramento constante de nossas ações, podemos evoluir e superar nossos obstáculos. Dar às pessoas o senso de controle e de gerenciamento de uma habilidade é um motivador importante, e é com isso que procurarei lhe ajudar aqui.

Além disso, vale dizer que nosso cérebro é dotado de uma característica valiosa chamada plasticidade, que nada mais é do que a capacidade de se autotransformar. Com conhecimento, força de vontade e treino, você chega lá.

Ao longo dos capítulos deste livro, você aprenderá a lidar com todos os desafios mais comuns à nossa comunicação, com base em dúvidas que ouço há quase quatro décadas em meu consultório. Como lidar com o medo de falar em público? Como falar com clareza e ser bem compreendido? Como persuadir os outros? Como se comunicar melhor para evitar conflitos em relacionamentos? Como deixar de lado a insegurança e aprender a ser mais assertivo em uma reunião, sem agressividade e sem submissão? Como escrever bem? Uma boa comunicação, na verdade, envolve muito mais do que a fala: passa por dicção, vocabulário, ritmo, pausas, postura do corpo, olhares, gestos. E passa também por saber ouvir o outro e por usar da melhor forma o tempo e a atenção (hoje em dia tão escassos) de nossos interlocutores. Todo esse universo, se bem conhecido e manejado, nos ajudará em todas as esferas de nossa vida. Afinal, que delícia é se expressar do jeito que se pretende e alcançar o que se deseja!

Foi observando o ótimo impacto do meu trabalho na vida das pessoas que resolvi escrever este livro. Você sempre pode mudar sua comunicação para melhor, e a comunicação alheia tem o poder, à sua vez, de transformar o que você pensa e comunica. Esta é uma das belezas da vida.

Aproveite a leitura. Que este livro contribua para que você tenha uma vida mais plena!

Grande abraço,
Ana Alvarez

Capítulo 1
Aprendizados básicos[1]

Vivemos hoje o tempo da diversidade e da inclusão, em que se mesclam e se conciliam crenças e valores. Logo, comunicar-se bem é essencial para que todos compreendam suas ideias e suas ações.

Quem não se lembra do musical *My Fair Lady* e da aposta que o professor Higgins, um renomado professor de fonética, faz com um amigo? Ele diz que seria capaz de transformar uma vendedora de flores do mercado em uma verdadeira dama em apenas seis meses. "Seis meses para quê?", duvida o amigo, "basta levá-la a uma loja, comprar-lhe roupas bonitas e chiques, oferecer-lhe um curso de etiqueta e acompanhá-la a restaurantes e lugares refinados". Pacientemente, o professor explica: "Se você quer transformar alguém, precisa começar pela linguagem, porque a pronúncia e as palavras que ela vai passar a usar é que vão fazê-la mudar de fato: mudarão a forma como ela vê o mundo e a forma como o mundo a vê". O famoso professor Higgins, um verdadeiro *expert* em comunicação, não desejava apenas que a florista falasse um inglês perfeito,

---

[1]. Este capítulo contou com a colaboração de Marina Nugent Cunha.

mas queria que ela impressionasse pela atitude. Ele sabia que a forma como nos comunicamos diz muito sobre nós, sobre nossa origem, nossas expectativas e nossos anseios. A maneira como descrevemos circunstâncias e eventos esclarece muito mais sobre nós do que aquilo que estamos de fato dizendo.

É preciso aumentar nossa consciência sobre a performance verbal, os gestos e até sobre os hábitos de expressão de que lançamos mão para apresentar-nos diante do mundo.

Você sabe ouvir o outro com empatia?
Como é a sua expressão verbal?
Sua pronúncia é boa?
Qual a qualidade de sua voz?
Sua fala tem sequência lógica com introdução, assunto principal e conclusão?
Como é o seu autocontrole? Ele tem o mesmo nível quando você é contrariado?
Você é prudente no que fala com os outros?

Receba essas perguntas iniciais como desafios, sementes plantadas agora para germinarem ao longo da leitura. Por ora, apenas tome uma decisão para lá de importante: observe-se enquanto fala (ou escreve!) em diferentes contextos e preste atenção também no papel que as emoções exercem em você quando vai se comunicar. No fim do capítulo, os exercícios irão ajudar você a se aprofundar nessa autoinvestigação.

Comunicação: Onde? Como? Por quê?

Se lhe perguntássemos agora o que é comunicação, o que você responderia? Muitos diriam "falar e escrever"; "se expressar"; "ouvir, compreender e responder". De fato, a comunicação envolve ouvir e falar, apreender e responder. Com origem no latim *communicare*, comunicar também significa partilhar, democratizar, tornar algo comum a todos. E envolve bem mais do que isso: trata-se de um processo interativo de mão dupla, ou seja, que envolve ao menos duas pessoas, cujo objetivo é transmitir e receber informações de forma clara, criando um mesmo entendimento entre os participantes. Portanto, compreensão e resultado são as palavras que melhor traduzem o conceito de comunicação. E aperfeiçoá-la, como você verá, pode trazer inúmeros benefícios para a sua vida social, familiar e profissional, independentemente do seu cargo ou da sua área de atuação. As pessoas nos respeitam ou nos rejeitam baseadas na nossa competência como comunicadoras.

Quando a troca de mensagens ocorre de modo satisfatório, é possível passar adiante ideias e pensamentos com exatidão. Mais do que isso: a gente exercita o poder de motivar ou de persuadir o interlocutor. Caso apareçam ruídos no meio do caminho, a comunicação pode provocar de pequenos mal-entendidos a enormes problemas – basta lembrar que vários acidentes aéreos, por exemplo, aconteceram comprovadamente devido a falhas comunicativas.

A comunicação também pode ser entendida como a arte e o processo de criar e compartilhar ideias e sentimentos, cuja compreensão efetiva depende da riqueza de como percebemos e relatamos esse conteúdo. Ser um excelente comunicador significa aprender a colocar bem os pontos de vista sem dar margem a interpretações e entendimentos duvidosos.

Acredite: somos seres sociais preparados para conviver e nos comunicarmos uns com os outros. O ser humano iniciou seu processo de comunicação oral cerca de 100 mil anos atrás, e desde então tem se aprimorado e adquirido novas habilidades na ciência e na arte da comunicação, o que enriquece e individualiza a convivência.

Nosso cérebro já se prepara desde a gestação para falar e escutar com maior atenção os sons da fala da língua materna. Os especialistas estimam que o feto com 27 semanas já está acostumado a sons, tonalidades e entonação. Ouve, no útero materno, não só o bater do coração da mãe e os sons de seus órgãos em funcionamento, mas também sua voz. Os outros sons do ambiente incorporam-se aos conteúdos que o feto pode ouvir. Aos quatro dias de vida, o bebê reconhece a voz da mãe e demonstra preferência por ouvi-la.

Está tudo lá, pronto, mas para se comunicar uma criança necessita de um "cardápio" variado e estável de estímulos sonoros, imagens e experiências sensoriais que vai ajudá-la a construir esse processo dentro de si. Sons, palavras e pausas somente têm significado quando tanto quem fala quanto quem ouve compartilham o mesmo repertório. Até os 5 anos, essa construção será feita a muitas mãos pelos pais, pela família, pelos professores, por tudo o que a criança ouve.

Ao acariciar ou maltratar a criança, encorajá-la ou assustá-la, deixá-la falar ou desautorizá-la a se expressar, cada pessoa que entra em contato com os pequenos vai sustentar a conexão que existe entre a situação vivida e o som efetuado/percebido. Da mesma maneira como constroem o significado das emoções, os pequenos que ainda não falam também constroem, com o passar do tempo, os significados dos sons e os associam às sensações. Reconhecem mudanças na entonação e no volume da voz e começam a fazer associações do significado das palavras com seu som. É importante falar com a criança em volume moderado e face a face, para fortalecer o hábito de olhar para a pessoa com quem está falando. Esse monólogo é o início de um processo que se chama turno linguístico, onde um fala e o outro responde. Nesse caso, o adulto fala e a criança sorri, ou devolve um olhar atento. E, assim, se inicia um "bate-papo".

Muitas mães já conversam com a criança quando ela ainda está na barriga. Dessa maneira, ela irá se acostumando à voz da mãe, aos seus movimentos e ao ritmo de fala. Aos 12 meses, ao perceber a consequência de seus atos e de sua fala, a criança passa a repeti-los com autonomia e a fazê-los frequentemente. Se do nascimento aos três meses a frase de ordem era "o mundo é uma realidade a ser sugada", nesse período passa a ser "o mundo é um desafio sonoro a ser localizado, identificado e repetido".

Assim, vemos que ouvir, identificar e responder dão forma à comunicação, um processo distintivamente humano, um instrumento interpessoal de transmissão de informações, que ocorre sobretudo por meio da audição e da linguagem. Os princípios a ela subjacentes regem uma classe ampla, variada e particular do comportamento humano. A linguagem permeia intensamente as relações afetivas, sociais e profissionais, individualizando pensamentos e hipóteses que vão se ajustando de maneira lenta e gradual a circunstâncias de significado e de contexto estabelecidos previamente. A linguagem organiza nossa experiência sensorial e expressa nossa identidade, nossas ideias, nossos pensamentos, expectativas, sentimentos e aspirações. O ser humano possui um mecanismo inato para a aquisição da linguagem oral já embutido no cérebro, isto é, tem um programa neural específico que o prepara para o aprendizado da língua.

Modos de se comunicar

Trocamos informações com outras pessoas usando basicamente três métodos: a comunicação verbal, a não verbal e a escrita.

Comunicação verbal

A fala é a principal maneira pela qual transmitimos mensagens. Os seres humanos se comunicam oralmente graças à mutação do gene FOXP2, localizado no cromossomo 7, que nos deu a capacidade de formar conexões cerebrais que proporcionam o desenvolvimento da fala e da linguagem.

Interações verbais, isto é, a fala, têm o seu lado bom – a rapidez da resposta. O emissor, ou seja, aquele que está falando, consegue um feedback praticamente instantâneo de quem o ouviu, o receptor. Assim, é possível corrigir erros de compreensão de forma rápida. Para isso, basta retomar a informação utilizando expressões como "explicando melhor", "quero dizer", "voltando àquele ponto", "na verdade" ou "deixando mais claro o meu pensamento".

No entanto, quanto maior o número de pessoas que recebe uma mensagem verbal, maiores as chances de surgirem distorções, pois cada indivíduo irá interpretá-la levando em consideração sua experiência de vida, sua capacidade analítica, seus interesses pessoais e sua bagagem cultural.

Comunicação não verbal

Ainda que involuntariamente, as expressões faciais, como os movimentos dos olhos, das sobrancelhas, dos lábios, e as corporais, como postura, gestos realizados com as mãos, posicionamento das pernas, entre outros, sempre acompanham a fala, complementando a mensagem enviada pelo emissor. Esses elementos não verbais em geral dispensam palavras para serem entendidos. Alguns exemplos? Um olhar demorado comunica que a pessoa está interessada em você; o franzir de testa durante uma reunião de trabalho demonstra preocupação; o "dar de ombros" de seu filho indica que ele não liga para suas recomendações, e assim por diante. A entonação da voz e a ênfase que colocamos nas palavras também fazem parte da comunicação não verbal e podem mudar todo o sentido daquilo que está sendo dito. É preciso, no entanto, atentar para as incoerências que às vezes surgem entre a fala e as expressões corporais – quando a boca diz uma coisa e os movimentos sinalizam algo diferente.

O corpo fala

Veja o que pode ser depreendido a partir de algumas de nossas posturas e gestos mais comuns.

Postura do corpo

- Pessoas com baixa autoestima e menos confiantes têm tendência a encolher o corpo e minimizar o próprio tamanho, passando uma mensagem de insegurança durante a fala.
- Pessoas confiantes e influentes expandem o corpo e ocupam o espaço, movimentando-se de modo mais "majestoso" e poderoso. Pense nos modos de um rei ou uma rainha: antes mesmo de abrirem a boca, eles já passam uma imagem forte. Você já pensou se ocupa menos espaço físico do que merece?

Cabeça

- Cabeça alinhada com o corpo: posição neutra, ideal.
- Cabeça baixa: denota desconforto em relação à situação.
- Cabeça para trás: arrogância, prepotência e provocação, passando a ideia de enfrentamento do inimigo.
- Cabeça levemente inclinada para um dos lados: sinal de atenção e envolvimento, passando uma mensagem de confiança ao interlocutor. Também pode ser processado inconscientemente como submissão.

Posição e movimentos das mãos e dos braços

- Bater os dedos: impaciência, estresse, frustração ou necessidade de ir embora.
- Mãos em garra, com os dedos voltados para dentro: reforçam argumentos.
- Mãos como se estivessem empurrando: "quero distância".
- Mãos movendo objetos: organização de argumentos.
- Mãos no bolso: algo a esconder.
- Mãos no bolso com polegares para fora: dominação.
- Gestos com as mãos mais distantes da cabeça: fidelidade à realidade.
- Braços estendidos para a frente: receptividade.
- Braços cruzados: passa a impressão de afastamento em relação ao que é dito ou de que algo está gerando desconforto.
- Braços na cintura: denota que a pessoa está pronta para tudo.

Anote!

- Gestos pacíficos para se controlar sob estresse: esfregar as mãos, agarrar os braços, tocar o pescoço como uma forma de autoconsolo ou adaptação à situação etc.
- Situações importantes de comunicação geram estresse e muitas vezes nos sentimos paralisados. Nesses momentos, nossos gestos param de acontecer de modo natural, tornando-se quase que automáticos, robotizados. Suprimir os gestos pode não ser uma boa saída. O melhor é inspirar e assumir o controle dos gestos dos braços, movimentando-os lenta e levemente de dentro para fora.

Comunicação escrita

A linguagem escrita é capaz de registrar a informação enviada pelo emissor ao destinatário por um prazo ilimitado. Uma de suas vantagens é que, como costumamos prestar mais atenção ao que escrevemos do que àquilo que falamos, o resultado pode ser mais lógico e claro. E, caso haja problemas de entendimento – o que pode acontecer, sobretudo em textos longos ou complexos –, basta visualizar o conteúdo quantas vezes forem necessárias. A parte talvez desagradável é que a escrita consome tempo, o feedback do receptor nem sempre é imediato e ainda existe o risco de que a mensagem seja mal compreendida. Eu, por exemplo, quando estou escrevendo, tenho a sensação de que ouço meu próprio cochicho na orelha dizendo o que quero expressar. O que a pontuação não dá conta de expressar, paro e explico melhor: estou pensando nisso e sentindo-me dessa maneira. Sigo três princípios ao escrever:

1. Escrevo de modo atento e com a maior clareza possível.
2. Leio criticamente o que escrevi.
3. Verifico se expressei a minha verdade.

E você? Como faz para que a mensagem escrita seja efetiva e transmita o que você pensa e sente?

Elementos a serem observados

Como já mencionamos, há uma série de elementos que fazem parte de nossa comunicação (seja ela verbal, não verbal ou escrita) e que impactam o modo como o interlocutor apreende nossa mensagem. A seguir, vamos abordar brevemente alguns deles, utilizando as siglas CV (quando se refere a comunicação verbal), CN (comunicação não verbal) e CE (comunicação escrita).

Articulação da fala (CV)

Na articulação da fala, ou dicção, usamos o que chamamos de órgãos fonoarticulatórios, que têm a missão de articular os sons. Ele envolve o movimento de lábios, dentes, língua e mandíbula. Existe uma sincronia nesses movimentos, definida a partir do ar que vem expelido dos pulmões. Qualquer alteração nessa mobilidade e no fluxo aéreo produz uma alteração no que chamamos de articulação da fala. Se os dentes não fecham bem, isso prejudica a dicção. Se a língua tem um tamanho maior, pode ser que exercícios sejam necessários. Em alguns casos, há alterações anatômicas no frênulo (o "freio" da língua) que podem ser corrigidas por meio de cirurgia. Em outras situações, são apenas hábitos muito arraigados que não são percebidos pelo falante, como deixar de usar os plurais ou omitir o "r" fraco na sílaba final (quando, por exemplo, a palavra "andar" é dita como "andá").

Algumas reflexões e dicas importantes:

- Analise a sua dicção. As pessoas entendem bem o que você diz? Você tem dificuldade com algum som em particular?
- Grave-se falando e ouça com atenção. Por exemplo, como é sua respiração? Ela é essencial para uma boa dicção. Se sua expiração é pobre, o som sai com pouca força e fica difícil de ser diferenciado de outros. Além disso, pessoas que abrem pouco a boca para falar costumam ter uma fala menos compreensível.
- Passe a observar mais o modo como os outros falam e, principalmente, como fala aquela pessoa que você adora ouvir.

Esses simples exercícios, de se observar falando e observar os outros, são muito úteis para as correções mais simples. Lembre: a fala é seu material de comunicação com o mundo. Se você chegar à conclusão de que sua dicção pode melhorar ou se alguém comentar isso e você concordar, qual o problema de procurar um fonoaudiólogo? Já passamos daquele tempo em que os tratamentos eram intermináveis. Hoje em dia, o profissional estipula metas, passa exercícios e monitora o progresso do paciente de forma presencial ou com vídeos.

Voz (CV e CN)

Você fala com a sua voz, certo? De acordo com a dra. Mara Behlau, grande especialista em voz, esta é uma das ferramentas primárias e imediatas de que o ser humano dispõe para interagir com a sociedade. Do ponto de vista fisiológico, a voz é produzida por um conjunto de órgãos e músculos e surge pela vibração das pregas vocais, que são duas faixas de tecido elástico localizadas uma em cada lado da laringe. Toda vez que você está calado, as pregas ficam abertas e criam um espaço pelo qual o ar passa e você respira. Entende agora por que a sua respiração é tão importante para a qualidade de sua dicção e voz? Quando você fala, o ar sai dos pulmões e passa pelas pregas vocais, fazendo com que vibrem. Quando vibram rápido, produzem sons de volume mais alto e, quando vibram devagar, produzem sons de volume mais baixo. Ao vibrarem, o som é emitido.

A voz é uma caraterística própria de cada um de nós e está relacionada a fatores biológicos genéticos, culturais e psicossociais. Atenção agora: a forma de você expressar seu estado emocional e seu comportamento também diferencia como você usa sua voz.

Observe sua voz e a analise: ela é muito alta? É fina ou grossa? É rouca ou baixinha demais? É melódica, acompanha a emoção que você deseja expressar ou é monotônica, sem variação? Aqui também você pode procurar um profissional fonoaudiólogo caso queira aprimorar sua qualidade vocal.

Gestos apropriados (CN)

O que sua fala esconde, sua voz e seu corpo podem revelar. Esse "dizer sem dizer" se expressa nos gestos e no comportamento. Gestos são movimentos naturais e espontâneos que fazemos para acompanhar a fala e que facilitam e aprimoram a fluência. Pessoas destras tendem a usar a mão e o braço direitos, ao passo que canhotos usam a mão e o braço esquerdos.

Gestos diferentes do conteúdo da fala provocam conflitos cognitivos e embaralham uma comunicação que deveria ser simples. Você diz uma coisa e seu corpo inteiro diz outra? Cuidado, quem está ouvindo você desconhece o que é verdadeiro: se é o que você diz ou o que mostra. É o caso, por exemplo, de quem está sorrindo ao contar sobre uma festa, mas os olhos estão indiferentes. Se o olhar não "acompanha" o sorriso, pode ser que a "alegria" não seja tão verdadeira assim.

Alguns indivíduos podem ter dificuldade para julgar a fala e a expressão do rosto ao mesmo tempo. Você se lembra do depoimento do ex-presidente americano Bill Clinton ao ser indagado se tinha mantido um caso amoroso com a estagiária da Casa Branca, Monica Lewinski? Suas maneiras revelaram a verdade sobre a denúncia de Monica. Ao negar seu relacionamento, Clinton, que é canhoto, gesticulou muito com a mão direita, em vez de usar a esquerda. Usar a "outra mão" num gestual que expressa um argumento forte é sinal de ansiedade e estresse, podendo representar o esforço mental demandado pela mentira. Além disso, no discurso, o ex-presidente apontou para um lado, enquanto olhava para o outro. A discrepância sugeria que ele se esforçava para criar uma história falsa.

Paul Ekman, psicólogo americano pioneiro no estudo das expressões faciais, as microexpressões de emoção, nos ensinou que as expressões e os gestos contam a verdade que nossa fala pode até querer disfarçar. A maior parte da linguagem corporal ocorre de forma automática, e isso pode representar um desafio para todos nós. Receba essa informação e comece a gerenciar sua postura e seus gestos; e guarde, de maneira consciente, o efeito deles nos outros e em você mesmo.

Dominar a linguagem não verbal pode ser simples. Por exemplo, algumas pessoas tendem a gesticular muito. Fique atento para perceber se suas mãos, ao acompanharem sua comunicação, estão se movimentando de maneira exagerada, espalhafatosa. Ver um vídeo de você falando pode ajudar. Use sua mão dominante, a que geralmente usa para escrever, e nesse caso lembre-se de fazer gestos de pequena amplitude, baixos, para não cobrirem o rosto. Se usar as duas mãos, nunca as deixe abertas demais a ponto de chegarem a esbarrar no outro.

Ainda em relação às mãos, evite:

- espremer as mãos uma contra a outra ou mantê-las entre os joelhos – isso pode expressar tensão, ansiedade ou contenção de emoção;
- repetir os mesmos gestos com frequência;
- entrelaçar mãos e dedos, pois isso pode passar a ideia de que você está fechado ao interlocutor, ou então expressar reserva e timidez;
- manusear a caneta, o colar, a gravata ou qualquer objeto à sua frente.
- tocar os cabelos, as unhas ou os dedos pode comunicar impaciência ou tédio;

- cumprimentar as pessoas com um aperto de mão forte (ou fraco) demais; o segredo é o meio-termo.

Já em relação às expressões faciais:

- Sorriso: é agradável sorrir ao cumprimentar. Agora, sorrir mesmo diante da piadinha suja, das frases que têm o objetivo de constranger alguém? Não use seu sorriso para disfarçar e encobrir algum mal-estar e desconforto; até porque isso transparecerá a seu interlocutor. Treine seu olhar sério, mantenha o contato visual e literalmente fale e mostre que você se sente desconfortável. Desnecessário assumir posição de juiz da moral e bons costumes, mas profundamente necessário aprender a expressar desconforto.
- Trejeitos com a boca fazendo um bico: costumamos nos referir a essa expressão como "caras e bocas". Confere à fala um aspecto pouco natural, afetado. Melhor evitar.
- Apertar os lábios: é relativamente comum vermos pessoas que comprimem o lábio superior contra o inferior enquanto ouvem o interlocutor, dando a ele a sensação de tensão ou que apertam os lábios para evitar interrompê-lo. É recomendável que essas pessoas se conscientizem de que, ao fazerem isso, criam uma tensão crescente no rosto, o que pode atrapalhar a verdadeira intenção daquela comunicação.
- Movimentar os lábios seguindo os movimentos de quem fala: essa expressão é menos comum de ser encontrada, mas há pessoas que conversam conosco movimentando os lábios segundo os movimentos

que nós fazemos ao falar, e algumas vezes até completam as frases antes de nós. Uma das causas pode ser que esse mecanismo as ajude a entender melhor o que ouvem. Convenhamos que esse hábito atrapalha demais quem fala, pois se estabelece uma confusão sobre onde colocar a atenção, criando uma dúvida se aquele falso murmúrio representa uma interrupção ou uma resposta. Evite! E, se necessário, busque ajuda profissional.

- Franzir as sobrancelhas: esse movimento involuntário denota preocupação, seriedade e cria facilmente a chamada "ruga de expressão", tudo o que não desejamos neste tempo de longevidade. Você quer demonstrar preocupação? Expresse-a não só pelos movimentos faciais, mas também verbalmente. Agora, é sempre bom se dar conta se você franze as sobrancelhas para qualquer situação de escuta atenta. Conscientize-se disso e cuide para só franzir o cenho quando a ocasião pede, porque senão você diz uma coisa leve e seu rosto mostra preocupação, o que confunde o interlocutor.
- Abrir bem os olhos e levantar a sobrancelhas: essa expressão demonstra atenção e entusiasmo. Use esses movimentos sempre que se sentir animado ou quando quiser difundir alegria e entusiasmo nos outros.

Esses são alguns dos gestos e movimentos habituais que podem ajudar ou prejudicar sua comunicação. Você pode ouvir seu interlocutor, falar, pensar na resposta e, ao mesmo tempo, atentar para seus gestos e suas expressões. Tudo isso é possível depois de um curto período de treinamento. Acredite, fica automático após cerca de três semanas. O mais importante ao transformar sua comunicação é reparar de forma atenta como os outros reagem à sua nova forma de se apresentar. Pequenos gestos, grandes benefícios!

Postura (CN)

Quando observo pessoas bem-sucedidas enquanto falam ou discursam, o que me chama a atenção é sua postura. Elas mostram uma expressão corporal peculiar: quando em pé, estão eretas, com pés paralelos levemente separados, o peito aberto, cabeça erguida, abdômen firme, ombros bem colocados, braços flexionados na altura da cintura, com os dedos quase se tocando. Como é a sua postura? É parecida com essa ou você costuma ficar curvado, com os ombros encolhidos? Tente manter a postura como a dessas pessoas e veja como sua autoconfiança aumenta. Isso pode impactar seus relacionamentos de maneira bastante positiva.

Sugestão: antes de uma reunião importante ou de falar em público, arranje um canto só seu e faça diversas poses de herói ou heroína: sente-se com os pés na mesa, como se o mundo fosse seu, ou mostre seu muque no espelho. Acha ridículo? Faça assim mesmo! Os defensores da chamada *power posing*, como se diz em inglês, acreditam nessa mudança de fora para dentro: agindo como quem tem confiança, é assim que você se sentirá. É aquele ditado, também de língua inglesa, "*Fake it 'till you make it*", ou, em tradução livre, "Finja até que se torne verdade". Experimente sem medo! De qualquer maneira, de uma coisa pode ter certeza: os outros verão você de forma diferente se falar com uma boa postura. Se anda com os ombros encolhidos, nem você mesmo dará crédito para o que está dizendo, concorda?

Em relação à postura:

- evite ficar sempre na mesma posição; troque de postura de vez em quando para não parecer monótono ou artificial;
- fique sempre com os pés fincados no chão; isso passa a ideia de confiança e segurança.

Contato visual (CN)

Para onde olha, para quem olha, como olha e onde fixa os olhos... Você já parou para observar como é o seu contato visual com seu interlocutor? Você mantém o olhar nele? Enquanto olha, fica sorrindo o tempo todo de modo pouco espontâneo, porque está muito preocupado em ser simpático? Mais uma vez: observe-se e reflita sobre estas dicas:

- O olhar é um instrumento de poder. Olhe para a pessoa tanto ao falar como ao ouvir, de modo natural.
- Os olhos estão onde sua atenção permanece.
- Inicie uma conversa com o olhar preso no interlocutor, mantendo-o no seu campo visual.
- Bastam dois segundos de contato visual para que seu interlocutor forme uma ideia sobre você. E você, sobre ele.
- Sustente, mantenha e retribua o olhar, seja de interesse, advertência ou dúvida. Interromper o contato visual pode ser visto como um ato de humildade e submissão, ou de acanhamento e modéstia. É essa a ideia que você quer passar?
- Olhe primeiro. Comece a falar depois.

Avalie sempre seus hábitos! Você evita fixar o olhar em quem está falando com a impressão errônea de que "encarar" é falta de educação? Ora, quem encara o faz em silêncio e sem palavras. Você não encara; simplesmente olha para quem fala, colocando-se no seu lugar. A visão, assim como os gestos e a linguagem corporal, completa sua fala e sua audição. Olhar diretamente nos olhos do outro é um modo de afirmar seu desejo de oferecer uma comunicação clara, assertiva e honesta.

Ritmo (CV e CE)

Conectar-se é falar e ser ouvido, falar e ouvir. Impressionante saber que apenas 7% da eficiência de uma conversa, por exemplo, é atribuída ao conteúdo. A linguagem corporal e facial, a respiração, o ritmo, o tom de voz, as pausas – tudo isso integra os outros 93%. É preciso manejar com sabedoria essas ferramentas. A pausa, por exemplo, acontece para dar ênfase a uma informação. Mal colocada, cria ruído. Tem muita gente que fala bem, mas estica demais o discurso. Outros falam muito rápido. A saída é falar devagar demais? Isso pode entediar o ouvinte, assim como a falta de ênfase – usamos a palavra "monocórdio" para designar esse tipo de fala. Na época da escola, você tinha algum professor que lhe dava sono? Provavelmente era assim que ele falava.

Um bom ritmo se dá prestando atenção às palavras que pronuncia, mas também às pausas. O silêncio também pode ser considerado uma forma de comunicação – e com múltiplos significados. Há casos em que ficamos quietos porque precisamos raciocinar antes de responder a determinada pergunta; em outros, preferimos nos calar porque o medo, a timidez, a raiva ou a ansiedade tomam conta. Muita gente tem pouca habilidade para se pronunciar quando concorda ou discorda de uma situação. Portanto, a dica é prestar atenção aos momentos silenciosos que acompanham um discurso. Pausas, hesitações e até mesmo tropeços revelam informações essenciais e às vezes "falam" mais do que o próprio verbo. Vale lembrar ainda que a fala é bem compreendida porque engloba um conjunto de palavras e de pausas; de gestos, expressões faciais e corporais.

A sílaba tônica da palavra leva um pouco mais tempo para ser pronunciada do que as outras e é falada um pouquinho mais alto. Isso é facilmente observável no gravador do celular. Uma boa dica é olhar a imagem do som gravado e os sinais de volume no gráfico do gravador. Quando se deixa de colocar a ênfase na sílaba tônica da palavra, o ritmo fica monocórdio, o que cansa o interlocutor – ou seja, o gráfico que representa a frequência do som fica como um conjunto contínuo.

Na comunicação escrita, o ritmo agradável se dá principalmente pelo bom uso da pontuação e pela quebra do texto em parágrafos. Escrita sem pontuação ou com pontuação confusa e parágrafos longos demais ou com quebras aleatórias dificultam não só a transmissão do conteúdo como deixam o texto chato. Veremos mais sobre isso no Capítulo 9, que trata de como escrever bem.

Da mesma forma que a música é bela pelo seu conjunto de sons e pausas, a fala também se caracteriza por pausas entre as palavras e por distintas entonações e ênfases. Assim deveria ser o seu discurso.

Garota interrompida

Na comunicação verbal, interrupções de outros interlocutores também fazem parte do processo, a não ser que ocorram no meio de uma palavra ou durante a explicação de um conceito. Nesse caso, não é necessário "perder o rebolado", ficar sem graça ou achar que está desagradando e desistir de falar. Pare (se estiver entre várias pessoas, nem precisa olhar diretamente a quem o interrompeu) e espere em silêncio para ouvir o que a pessoa tem a dizer. Na primeira pausa dela, retome, então, sua fala de onde parou, mantendo o fio do seu pensamento. Numa situação mais formal, frases como "agradeço seu aparte e vou continuar", em um tom de voz neutro, deixam claro que você ouviu o que foi dito e continua mantendo o seu ponto de vista, o qual, em seguida, se conveniente, pode ser complementado pelo comentário alheio.

Evite envergonhar-se por "lutar" pelo seu espaço na comunicação. Em várias situações, será preciso ousadia e coragem para retomar o fio da explicação depois de um aparte. Mulheres são mais interrompidas do que os homens? Sim. Há até um aplicativo, chamado Woman Interrupted, que mostra quantas vezes as mulheres são interrompidas enquanto falam. Além disso, diversas pesquisas mostram que ambos os sexos dão mais credibilidade ao que os homens estão falando. Mais um motivo para que as mulheres, com assertividade, se coloquem melhor ao falar. Quanto mais eficiente for a nossa comunicação, menos interrompidas e mais levadas a sério seremos.

Vocabulário e gramática (CV e CE)

De pouco adianta ter boa postura e saber o que quer dizer se a fala ou a escrita estão repletas de erros. Para se comunicar de maneira eficiente, é preciso estar atento às normas da língua portuguesa. É claro que, no dia a dia, a língua opera em um registro mais coloquial, e ninguém precisa falar como se fosse um gramático. Cabe, porém, prestar atenção ao seguinte fato: alguns erros são mais malvistos do que outros. Trocar "à medida que" por "na medida em que" é uma coisa, falar "para mim comer" é outra, certo? É preciso atenção também aos hábitos culturais e da nossa família. Por exemplo, em certas regiões do Brasil, é comum a supressão do "d" no gerúndio. "Fazendo" vira "fazeno", "comendo" vira "comeno"... Pode até ser comum na sua região, mas já pensou quando estiver falando ou mandando um áudio para alguém de fora a respeito de trabalho? Da mesma forma, cuidado com erros que são comuns na família ou no ambiente de trabalho e já se tornaram imperceptíveis para nós. E muita atenção a modismos, como o gerundismo (ver quadro a seguir, "Erros mais comuns"). Perfeição absoluta não existe, e podemos nos aperfeiçoar a cada dia.

Para ampliar o vocabulário, nada como ler, de preferência em voz alta (com concentração, para aprender melhor), assim como prestar atenção àquela pessoa que você considera que "fala bem". Permita-se aprender palavras novas e treine incluí-las no dia a dia. Gosta de uma palavra e percebe que não a utiliza? Por que não a introduz em seu vocabulário hoje mesmo?

Há uma expressão de que gosto muito, "capital cultural", criada por Pierre Bourdieu e Jean-Claude Passeron para explicar a diferença entre os níveis de desempenho social e acadêmico das crianças do sistema educacional francês. Lendo o livro de Liráucio Girardi Jr., *Pierre Bourdier: questões de sociologia e comunicação*, compreendi que capital cultural é a soma de seu capital natural, aquele de que você já dispõe, com as experiências que tem no dia a dia. Quanto maior a variedade de experiências, maiores serão suas expectativas em relação à vida e mais rica será a sua visão de mundo. Por isso é tão importante abrir-se para conversar com pessoas de círculos diferentes, passear, ter contato com arte, ler, viajar. Se você fica só na sua família, do trabalho para casa e da casa para o trabalho, conversando com as mesmas pessoas, terá poucas referências em que se basear.

Pessoas com maior poder aquisitivo têm um capital cultural mais elevado? Não necessariamente. Conheci anos atrás uma senhora cujo vocabulário muito simples e fala sem concordância nominal faziam com que as pessoas a percebessem como alguém com baixo nível socioeconômico, o que não era o caso. A supressão dos plurais e o vocabulário pequeno estavam fora de seu campo atencional, ou seja, ela nem percebia essas características de sua fala.

Minha dica para quem está trabalhando errinhos recorrentes e procurando ampliar o vocabulário: vá aos poucos, controle as pequenas frases e, depois, as falas mais estendidas. Ao falar palavras mais longas, tenha o cuidado de falar mais devagar e guardar uma pausa maior entre ela e a palavra anterior. Se for contar histórias longas, faça pausas para conseguir se ouvir e falar melhor. Além disso, trabalhe a escuta ativa. Ela é fundamental para ampliar o capital cultural. Às vezes, uma pessoa nasceu em meio privilegiado, mas nunca aprendeu a escutar o outro – e, com isso, tem dificuldade para se "abastecer" com as experiências, falando de um jeito pouco atraente e com menos conteúdo.

Erros mais comuns

GERUNDISMO
Dizer "Eu vou estar ligando para ele" é errado. Por que você precisa de tantos verbos para passar essa informação? O correto é: "Eu ligarei para ele" ou "Vou ligar para ele". Não é que todo gerúndio esteja errado. Veja um caso de uso correto: "Quando o avião

estiver sobrevoando minha cidade, estarei na minha casa dormindo". As ações se dão ao mesmo tempo, por isso faz sentido o uso do gerúndio. Vale consultar sites ou livros sobre dificuldades com a língua portuguesa para se informar melhor sobre essa questão.

Excesso de palavras em inglês

Pode soar pedante ou simplesmente irritante. Usar termos em outros idiomas muitas vezes exclui alguns falantes da conversa e prejudica o entendimento. Em alguns meios, o uso de palavras em outra língua é mais frequente do que em outros, mas vale sempre usar sua sensibilidade para perceber quando está dentro do bom senso... ou quando está *over* (exagerado)!

Excesso de gírias/palavrões/linguagem chula

Novamente, preste atenção ao contexto em que você se encontra. Além do ambiente e de quem são seus interlocutores, cabe aqui uma questão de personalidade, de jeito de falar. O exercício primordial deste capítulo é se observar, lembra? Há sempre um risco de achar que estamos "abafando" quando, na verdade, não estamos tanto assim. Perguntar a um amigo próximo, que você considera que "fala bem", o que ele acha do seu vocabulário pode ser útil, assim como perceber como as pessoas à sua volta estão se comunicando. Diferentes situações exigem diferentes registros da linguagem – mais formal, mais descontraído. Falamos no bar de modo diferente de como falamos em uma entrevista de emprego, e é importante conciliar nossa liberdade, esse nosso "jeito" de falar, com as situações.

FALTA DE PLURAL

Eis um erro muito comum! Para mim, faz parte daquele grupo de equívocos que podem pegar muito mal. Errar na concordância entre verbo e sujeito ("nós vai"), assim como esquecer o "s" no final das palavras que estão no plural (só "quaisquer", o plural de "qualquer", não tem "s" no fim), denota displicência e deselegância. Já ouvi "Ah, é herança da imigração italiana"... Bem, estamos falando da língua portuguesa, correto? Várias regras que funcionam bem em outros idiomas, como o gerundismo, por exemplo, não servem para o português. Observe se você costuma "comer" o plural e passe a se atentar para isso; garanto que será útil para a sua boa comunicação.

Pratique!

A seguir, alguns exercícios que podem ajudar você a conhecer melhor o modo como se comunica no dia a dia.

Autoterapia

Grave-se falando sobre algum assunto de seu interesse e então assista com olhos críticos:

- Quais são seus pontos fortes e pontos fracos?
- Em que você pode melhorar?
- Como está sua dicção?
- E o ritmo da fala, é bom?

Mindfulness

O termo *mindfulness* tem sido definido como "a capacidade de as pessoas estarem propositalmente atentas à sua própria experiência, seus pensamentos e sentimentos"[2] e, segundo o professor e escritor Jon Kabat-Zinn, da Universidade de Massachusetts, refere-se a como "acordar e viver em harmonia consigo mesmo e com o mundo". Inúmeras ferramentas têm sido desenvolvidas para medir o nosso nível de *mindfulness*, e uma delas é a escala MAAS (Mindful Attention Awareness Scale, ou Escala de Consciência e Atenção Plenas). Reserve dez minutos diários de *mindfulness* nos próximos 21 dias consecutivos e passe a incorporá-los na sua rotina como um ato de gentileza a si próprio, seguindo os passos abaixo. Isso vai ajudar você a se conhecer melhor e, eventualmente, a melhorar sua forma de se comunicar com o mundo.

- Escolha uma posição confortável e foque na sua respiração: respire pelo nariz, permitindo que o ar vá para a parte inferior da barriga. Deixe seu abdômen se expandir plenamente. Observe a inspiração e a expiração. Contar a respiração em tempos é uma ótima forma de se concentrar, por exemplo, três segundos para inspirar e três segundos para expirar.
- Escaneie seu corpo: traga consciência às sensações dos dedos dos pés à cabeça. Tensione seus músculos e depois relaxe. Observe o que acontece. As sensações devem ser percebidas sem julgamentos.
- Aprecie suas emoções: conscientemente, pergunte-se: "O que estou sentindo? Qual é o meu humor predominante? Ou estou numa mescla de emoções?".
- Examine seus pensamentos: de forma consciente, note as afirmações internas que faz, seja sobre sua respiração, seu corpo, suas emoções, seja sobre

---

2. Ronald M. Epstein, "Mindful Practice", *JAMA*, 282 (9), 1999, pp. 833-839.

outras experiências. Pensamentos podem mudar nossas crenças e verdades. Eles podem criar grande impacto no nosso comportamento. Enquanto pensamentos limitantes podem nos "aprisionar", pensamentos positivos podem nos empoderar: "Hoje vai ser um ótimo/péssimo dia"; "Eu posso/não posso fazer nada".

Quando notar que sua mente fugiu do que estava fazendo, traga delicadamente sua atenção de volta para as sensações do momento. É importante notar que os pensamentos vêm e vão; evite ficar "remoendo-os", deixe-os passar!

Uma adaptação da análise SWOT

Outro exercício que sempre sugiro a meus mentorandos é a autoanálise SWOT, sigla em inglês para Forças (*Strengths*), Fraquezas (*Weaknesses*), Oportunidades (*Opportunities*) e Ameaças (*Threats*).

Completar o SWOT antes de iniciar um marco pessoal importante e revê-lo após algum tempo é essencial para a renovação de objetivos e para desenvolver suas atitudes no dia a dia. Fizemos uma adaptação do SWOT com base em algumas dificuldades de comunicação.

Quanto às forças, pergunte-se:

- O que você acredita que faz de melhor?
- O que você observa que é seu ponto forte na forma como se comunica?
- O que os outros dizem que você faz bem?

Quanto às fraquezas:

- Quais você acredita serem seus pontos fracos?

- O que os outros frequentemente dizem que você poderia melhorar na forma de se comunicar?

Quanto às oportunidades:

- O que você faria se tivesse oportunidade de mudar a forma como se comunica com sua família? E no trabalho? Considere recursos e momentos de que você poderia se beneficiar se aumentasse suas forças nestes pontos.

Quanto às ameaças:

- Quais são seus fatores limitantes, ou seja, possíveis crenças que, de alguma forma, afetam negativamente seu desenvolvimento?
- Quais são os fatores intrínsecos e extrínsecos que fazem suas forças se amenizarem e suas fraquezas se potencializarem?

Depois de refletir, preencha uma tabela com sua autoanálise SWOT da comunicação:

MINHAS FORÇAS	MINHAS FRAQUEZAS

FALEI SEM PENSAR

MINHAS OPORTUNIDADES	MINHAS AMEAÇAS

Quando meus clientes completam o quadro, percebem claramente o que mudar, e assim começamos a desenvolver estratégias.

Capítulo 2
Comunicação e emoções

Milena, *designer* paulistana de 48 anos, me procurou por estar insatisfeita com sua comunicação. Veja o depoimento dela:

Há cerca de um ano, percebi, depois que todos me pediam para explicar melhor o que falava, que minha comunicação não era clara nem objetiva e que isso me atrapalhava. Não que eu fale pouco – ao contrário, sempre fui falante –, mas isso não significa que me comunicava bem. Eu não conseguia dizer o que sentia. Percebi como eu interrompia a fala, de repente, apesar de ter todo o raciocínio organizado na cabeça. Também era muito perfeccionista, exigia muito de mim mesma. Se não fosse a melhor, preferia me calar. Eu sabia o que queria dizer e me expressava bem na escrita, mas entendo que o sucesso se devia ao fato de, quando se escreve, dá para ler de novo e corrigir antes de o texto chegar ao destinatário. Na fala, o pensamento tem de se concretizar rapidamente, sem chance de correções.

Resolvi encarar o problema. Comecei a prestar atenção nas pessoas e notei que um olhar direto e uma postura firme transmitem segurança e mudam a forma como o interlocutor escuta você. Percebi que, quando eu dizia a mim mesma "Eu posso, eu quero", assumindo uma postura afirmativa, começavam a me encarar de outra forma.

Logo cresci no trabalho. Estava muito mais proativa na captação de clientes. Antes, eu esperava que me chamassem. Agora, vou atrás e me posiciono como alguém com soluções para quem me procura. Ainda hoje estou em treinamento. Tive de rever da postura física à atitude diante da vida. É um processo de lapidação da comunicação como um todo. Ao longo desse treinamento, aprendi que tudo é uma questão de como você se posiciona perante o outro. Mudar de atitude muda a fala. E mudar a fala repercute na atitude a ponto de criar uma percepção de força em quem nos assiste.

Tão importante como todos esses aspectos, o processo da comunicação começa pelo diálogo interno, a conversinha que mantemos conosco. Seja qual for o formato, essa é a base de uma comunicação verdadeira. Antes de escrever, me dou um tempo para pensar e repensar, apurar minhas convicções, discutir comigo mesma minhas ideias e o que quero transmitir. Quando se trata de comunicação oral, tudo tem de acontecer mais rapidamente, e em questão de segundos temos de analisar como usar as palavras, como conectá-las, formando um pensamento completo. Colocada assim, a tarefa parece impossível. Mas, não. Aprendi que, se você não tem o termo exato, vale usar o que lhe vier à cabeça, algo similar – o que está em jogo é completar a frase com sentido. Depois vêm os ajustes, os detalhes, a palavra que expresse melhor o que se quer dizer. É como resolver problemas do dia a dia: você soluciona do jeito que dá, naquele momento; depois busca o caminho ideal. Como sou muito exigente comigo mesma, ficava paralisada no meio de uma fala, tentando encontrar o termo mais que perfeito. Custou, mas entendi que posso rever o discurso.

Outra lição de casa no exercício da boa comunicação é focar, concentrar-se no tema em questão. Ou seja: evitar navegar em muitas direções ao mesmo tempo. Meu objetivo agora é reconhecer meu potencial, esquecer a mania de perfeição e fazer o melhor que posso dentro de meus limites. Às vezes com excelência, outras nem tanto. Nada como olhar em volta e constatar que os outros tampouco atingem a perfeição.

Assim como aconteceu com Milena, o perfeccionismo atrapalha muitas pessoas na hora de se comunicar. Elas levam essa busca de aprimoramento tão ao extremo que acabam paralisadas pelo medo de errar. Deixam-se aprisionar por uma expectativa ideal, que não admite falhas. O objetivo de Milena era entrar em contato consigo mesma, com seu potencial, reconhecer-se. E o perfeccionismo acabava sendo uma forma de se esquivar disso. De não lidar com o potencial. De não fazer.

Lembre-se: perfeição não existe. A tensão, a ansiedade e o medo de errar, de "falar bobagem", podem acabar comprometendo a maneira como o conteúdo é transmitido e o próprio conteúdo. É por isso que manejar as emoções faz parte de treinar uma boa comunicação – e é sobre isso que falaremos neste capítulo.

Sigmund Freud disse que "nós poderíamos ser muito melhores se não quiséssemos ser tão bons". Muito mais proveitoso do que almejar a "comunicação ideal" é ter objetivos possíveis de serem realizados. Siga aos poucos, observando-se sem se criticar negativamente e comemorando mesmo os pequenos avanços. Assim como aconteceu com Milena, sua comunicação pode se aperfeiçoar muito. Como ela fez, é preciso olhar para o que tem travado você e então adotar novas atitudes. Ao longo deste capítulo, você aprenderá a se relacionar com suas emoções de maneira mais sábia e a exercitar uma qualidade essencial à boa comunicação: a assertividade.

Gerenciando as emoções

Emoções são apostas que seu cérebro constrói no momento em que bilhões de neurônios, as células nervosas, estão trabalhando juntos. A noção básica é que as emoções não estavam embutidas no seu cérebro quando você nasceu – elas foram construídas. No momento do nascimento, seu cérebro dispõe de circuitos preparados para reconhecer alguns eventos provenientes da fisiologia do corpo. Um bebê pode formar sensações de agitação, calma, conforto, desconforto, e essas sensações não são emoções propriamente, são sumários do que acontece no seu corpo durante aquele instante.

Vamos construir um conceito. Olhe a figura da página seguinte e pense no que você pode estar vendo. Neste momento, todos os seus neurônios estão se organizando para levantar hipóteses e possibilidades sobre o que isso parece ser, levando em consideração a sua vivência. Tudo acontece num ritmo muito rápido, e você vai prevendo: pode ser isso ou pode ser aquilo. É assim que seu cérebro trabalha, prevendo tudo o tempo todo, e essas previsões são a base de cada ação que você planeja. Previsibilidade é o que nos ajuda a dar conta do mundo, de tal modo que seu cérebro não *reage* ao mundo; usando a experiência passada, seu cérebro *prevê* e *constrói* sua experiência com o mundo.

ANA ALVAREZ

© Perelman Dmitry

Veja agora. O que pode ser?

© Perelman Dmitry

Agora, você já formou um conhecimento sobre isso. Olhe novamente a primeira figura. Seu cérebro formou um conhecimento sobre isso e já pode julgar melhor. Com a emoção se passa a mesma coisa. Seu cérebro lê a emoção, tentando dar um significado ao que percebe com base em situações parecidas que já aconteceram com você e que fazem parte de seu conhecimento. E é você que, ao unir gestos, expressões faciais, conhecimento prévio e contexto, empresta significado para a emoção. Um choro pode acontecer por excesso de alegria ou de tristeza. Depende do contexto. A respiração curta pode significar cansaço, má digestão ou ansiedade; um coração batendo forte e rápido pode ser entusiasmo, preparação para uma disputa, expectativa por um resultado. E por aí vamos, preenchendo os campos em branco com nossas experiências.

O importante aqui é evitar tachar cada sensação como se fosse sinal de uma só emoção – angústia, medo... E assim passar a vida inteira acreditando que aquela reação física tem sempre uma só causa, que você nomeia sempre de uma só maneira. Nomear nossas emoções é o primeiro passo para lidar com elas de modo eficaz, mas nem sempre é fácil identificar o que estamos sentindo porque, entre outras coisas, crescemos acreditando que as emoções mais fortes devem ser suprimidas.

Emoções que parecem acontecer com você são, na verdade, feitas por você. A maneira como cada pessoa vive a experiência da própria emoção segue exatamente o mesmo procedimento já descrito: seu cérebro vai tentando adivinhar o que está sendo construído naquele segundo. Entenda que você tem emoções escondidas, enterradas em alguma parte do cérebro, e você é responsável por elas. Seu cérebro tem circuitos, plasticidade, ou seja, se transforma! Isso é flexibilidade: se você muda os ingredientes que seu cérebro usa para fazer emoção, ou até mesmo só a ordem deles, isso pode transformar sua vida emocional, ensinando seu cérebro a preparar e modular sua experiência de um modo diferente. Pesquisas já mostraram que estudantes que aprendem a desenvolver confiança para substituir a ansiedade antes da prova têm notas maiores. O propósito é preparar o cérebro para o sucesso e o bem-estar; então, usando o conceito da previsibilidade, eles se imaginam contentes e confiantes fazendo a prova e dizendo "Eu estudei, sei a matéria, logo estou confiante que meu desempenho será ótimo". E, quanto mais eles praticam a técnica, melhores são os resultados.

Você também pode cultivar esse tipo de flexibilidade emocional, mudando sensações, e praticá-la todos os dias. Por exemplo: você sente o corpo tenso, o coração descompassado e um vago mal-estar. Em vez de logo pensar "Estou ansioso e estressado", que seria sua reação habitual, pergunte-se: "Isso pode ter uma causa física? Se eu mudar de posição pode melhorar? Se eu respirar de modo mais lento e profundo é melhor?". Às vezes essa simples pesquisa em busca de alívio traz novas informações, e você pode até se surpreender com a descoberta de que essas sensações foram originadas por má digestão e passar a evitar comidas pesadas à noite, por exemplo. Buscar ativamente meios para aliviar o mal-estar e aplicá-los colabora para a construção de conforto e de novas palavras que definem melhor o que você sente naquele momento. Desenvolver uma variedade de vocabulário emocional segundo a intensidade da sensação é uma meta a ser alcançada. Consulte o quadro de emoções no Apêndice para buscar mais palavras que expressem, de forma mais precisa, o que você sente. Com um pouco de treino, você ficará bom nisso. É como andar de bicicleta, dirigir ou começar a falar outro idioma. No começo é difícil e lento, mas depois fica automático e leve.

As ações e experiências que você forma hoje tornam-se sua previsibilidade de amanhã. Nós somos responsáveis por nós mesmos, pela nossa emoção e pela forma como nos comunicamos, porque somos os únicos que podemos mudá-las. Ser responsável pelas emoções é gerenciá-las. Lembre: gerenciar emoções é diferente de controlá-las, suprimi-las; é, na verdade, senti-las e buscar a melhor forma de expressá-las. Muitas vezes, basta inspirar profundamente, visualizar uma bela imagem, tomar um gole d'água expressando a intenção de colocar paz para dentro de você e... pronto. Experimente!

Assertividade, sua nova melhor amiga

Já toquei nessa palavra algumas vezes. Afinal, o que é assertividade e por que ela é uma característica importante para a comunicação?

Ser assertivo é falar o que se quer, de maneira clara, sem agressividade e com firmeza. Muitas pessoas sorriem além da conta, dão risadas exageradas, têm medo de desagradar e de ser diretas, e isso certamente compromete a firmeza da comunicação. No outro extremo está a atitude de passar da conta na firmeza: desenvolver uma fala agressiva, ríspida, autoritária, que desconsidera a vontade do interlocutor, "passando por cima dele" e fazendo tudo do próprio jeito. Isso afasta o interlocutor e nos distancia da comunicação eficiente, uma vez que dificulta o estabelecimento da empatia e pode passar uma imagem de arrogância e descontrole emocional. Muitos acham que devem adotar condutas agressivas para serem ouvidos e respeitados, mas não é bem por aí. Se quando a fala é suave demais podemos perder credibilidade, quem terá boa vontade com alguém que eleva o tom de voz, é ríspido e negligencia os sentimentos alheios? Pense em adotar uma firmeza com delicadeza, sensibilidade, empatia e escuta ativa. Esse é o caminho para a assertividade.

FALEI SEM PENSAR

É importante desligar o autoritarismo usado por algumas pessoas para revestir a fala com o objetivo de serem respeitadas, obedecidas e até, por que não dizer, temidas. E, para desligar o modo autoritário, é necessário tirar da fala o tom e as palavras de acusação. Só fala com desenvoltura quem consegue assumir a responsabilidade pelos próprios desejos e vulnerabilidades. Entrar em sintonia com os próprios desejos e emoções é a atitude primordial para quem quer se comunicar bem. Quando você consegue fazer isso, também consegue que o outro olhe para você e preste atenção, sentindo conforto de ouvir.

Em conversas difíceis, troque o "você" acusatório pelo "eu" responsável. Em vez de "Você não presta atenção em mim", "Você é egoísta!" ou "Você nunca me dá um aumento", experimente "Estou me sentindo confuso/solitário", "Seria maravilhoso conversar mais com você, preciso muito disso", "Estou me sentindo desprestigiado". Em suma, é possível sermos assertivos e deixarmos claros o que queremos sem soarmos agressivos.

Regra de ouro da assertividade

Evite frases negativas e que contenham excesso de "mas". Esta é uma conjunção adversativa, ou seja, o que você fala depois dela invalida o que veio antes. Quer um exemplo? "Eu concordo totalmente com você, mas quero mudar uma ideia". Então, eu concordava totalmente? Se você quer unir ideias sobre uma pessoa ou objeto, sugiro que use, sempre que possível, a palavra "e" como substituta da palavra "mas", para que a frase fique bastante clara e não exclua atributos.

> Além disso, as frases positivas incentivam o outro a agir. É um mecanismo natural. Do mesmo modo como, até mesmo sem querer, nos defendemos das afirmações negativas, as palavras e frases positivas nos estimulam, destroem nossas defesas internas. Escute agora esta negativa usada em um ambiente corporativo: "Não usem a impressora para questões pessoais". Ora, a frase acaba ficando num tom acusatório contra os funcionários. Sugiro que, em casos assim, seja usada uma frase afirmativa, ou seja, sem o "não". Algo como: "Use a impressora para documentos profissionais".

O verbo de ação também é um item essencial da comunicação confortável. Você quer que o outro faça alguma coisa? Então, por que usar frases na voz passiva? Para não ser direto ou não parecer mandão? Se a ideia for não parecer mandão, você pode colocar na frase uma palavra que expresse tempo, perguntando no final: "pode ser?". Por exemplo: "Este relatório precisa ser feito hoje, pode ser?". Ficou melhor? Mude sua fala! "Esse relatório precisa ser feito" é uma frase quase que "órfã", que tem um sujeito indefinido realizando a ação. Além disso, tente usar: "Fazer esse relatório é uma das atribuições do seu setor, concorda? Nesta semana, então, a responsabilidade é sua. Quando você pode entregá-lo?". A frase adquire outro compromisso, outro tom de colaboração, não é?

Do ponto de vista do sistema funcional da linguagem, usar verbos de ação ativa certos gatilhos cerebrais da imitação, da ação – os chamados "neurônios-espelho". Eles sinalizam automaticamente que algo precisa ser feito, porque a imitação/espelho já aconteceu dentro do cérebro. Esses neurônios, que são responsáveis pela nossa imitação, defesa, aprendizagem e inteligência social, imediatamente tornam-se ativos quando o interlocutor ouve um verbo de ação instigando-o a cumprir seu papel, ou seja, a *agir*!

Veja algumas dicas para expressar mais assertividade em sua comunicação:

- *Ouça com atenção e cuidado antes de responder ao outro* para ter certeza da exatidão da mensagem. Evite interromper seu interlocutor. Você só ouve realmente a expressão do outro quando ele acaba de falar.
- *Busque o equilíbrio entre linguagem implícita e explícita.* Há uma comunicação pública e outra privada, ou seja, de você para si mesmo. É importante que haja uma consonância entre o que você quer dizer com as palavras e o que você quer significar com os gestos. É como foi dito anteriormente: se o assunto é sério, por que você vai rir? Quando gestos, tons de voz e expressões faciais implicam deslocamento do sentido, ocorre o chamado conflito cognitivo: seu rosto diz uma coisa e as palavras dizem outra, e isso prejudica sua assertividade.
- *Responsabilize-se pelo que sente e diz.* Em vez de acusar o outro de ter feito algo, diga como você está se sentindo em relação à atitude dele. Substitua "Você foi grosseiro comigo" por "Eu fico triste quando você fala comigo desse jeito". Em vez de falar "Mas você disse que a menina caiu", diga: "Eu ouvi que a menina caiu". Dessa forma, você contribui para a harmonia do diálogo, já que está se colocando na frase, em vez de passar para o outro a responsabilidade total por um evento que envolveu pelo menos duas pessoas.

- *Fale o que deseja para esclarecer o interlocutor* sobre suas expectativas e anseios. Evite falar só o que não quer. "Depois de brincarem, vou dar um tempinho para vocês colocarem os brinquedos no lugar" é muito mais eficiente do que "Não quero saber de bagunça".
- *Evite negativas e acusações.* Veja mais na seção "Você é agressivo demais?".

A hora certa de falar

Muitas pessoas acham que devem falar tudo que pensam de imediato porque assim estariam sendo proativas, autênticas e assertivas. *Espontaneidade, porém, tem hora.* Você pode ser espontâneo, desde que não machuque os outros.

Não basta saber o que falar: é essencial saber *quando* falar. Monopolizar a atenção dos outros é uma forma de poder em muitos casos. Sobretudo em grupos, essa atitude pode ser bastante disruptiva. Junto com ela, pode vir uma tendência a se vangloriar ou a ficar falando só de suas qualidades, de seus feitos, de suas realizações. Sabe aquela pessoa que, quando você diz que está com dor de cabeça, sempre dá um jeito de dizer que a dor de cabeça dela é pior? De novo, não necessariamente isso é feito por mal, mas decorre de hábitos errados que vamos levando pela vida e que estragam momentos de conversa que deveriam ser agradáveis e enriquecedores.

As conversas são dinâmicas. Têm um ritmo próprio. Insistir em falar de um tema para o qual o outro não está particularmente receptivo é um péssimo hábito. Você fez uma pergunta sobre trabalho e a outra pessoa respondeu evasivamente? Não adianta insistir, melhor tentar outro assunto. Por outro lado, se alguém faz uma pergunta, tente sempre responder imaginando que de fato existe um interesse genuíno da outra parte e que, portanto, respostas monossilábicas podem soar totalmente descorteses. Além disso, são uma sinalização de que você ou o outro, ou ambos, não querem se envolver no turno linguístico. Se a pergunta não é sobre um tema que interesse a você, tente mudar de assunto com delicadeza, de forma não abrupta. Por exemplo, se alguém lhe faz uma pergunta sobre equipes de futebol e você não sabe nada sobre isso, busque um assunto associado ao tema principal, como o comportamento dos jogadores, e pergunte aos interlocutores quais são os comportamentos típicos de um jogador e os hábitos que eles admiram ou criticam. Pronto, o assunto foi para hábitos e comportamento e você, gentilmente, mudou o rumo da conversa.

Lembre: uma conversa pode facilmente tornar-se insustentável e morrer. Cabe às pessoas envolvidas mantê-la viva, produtiva e enriquecedora. E não adianta pôr a culpa no outro. Nós somos responsáveis por pelo menos 50% do sucesso ou do fracasso de uma conversa. Isso serve para diálogos entre amigos, familiares, colegas de trabalho e paqueras.

Quer situação mais inadequada do que, numa paquera, o outro trazer assuntos inapropriados para a conversa? Ou querer compartilhar intimidades antes de o relacionamento estar maduro o suficiente? Quando esse tipo de situação acontece, o melhor é educadamente reorientar a conversa para temas menos invasivos ou mais confortáveis, dirigindo a atenção do outro para assuntos que fazem sucesso no momento ou para assuntos neutros, como a música ambiente, os amigos ao redor e o clima.

Você é agressivo demais?

Será que sua agressividade está sempre prestes a vir à tona diante de qualquer contrariedade? A amígdala é uma estrutura que fica dentro do lobo temporal do cérebro e responde a emoções, principalmente quando você está estressado. Quando a amígdala está ativada, você pode ter uma ou duas destas três reações: sentir muito medo e ficar paralisado; brigar; ou fugir da situação, se esquivar. Toda situação de estresse, independentemente de como você lida com ela, gera uma reação cujo efeito pode perturbar totalmente a assertividade.

Lembre: quando você é agressivo, está incitando o ódio e o estresse do outro e de si mesmo. Se você repete muitos "nãos" ("Não gostei disso", "Não foi bacana aquilo") e adota uma postura acusativa, despertará o pior do outro, ativando a competitividade, quando deveria buscar a cooperação. Se você eleva o tom de voz ou fala rispidamente, o interlocutor tende a responder no mesmo nível, e dificilmente o diálogo vai fluir em paz.

Pense: se você quer que alguém entenda o seu lado ou se pretende chegar a um acordo com outra pessoa, qual é o sentido de despertar a raiva dela? Para evitar ser acusativo, foque no que quer, no que espera, e evite criticar negativamente o comportamento do outro.

Para uma boa comunicação ser possível, é mandatório evitar estresse. Respire fundo! "Ah, mas o outro foi agressivo comigo!", você pode dizer. Não é por isso que você precisa ser reativo e devolver na mesma moeda. Mantenha a calma e responda de acordo com o que você acredita, com seus valores e objetivos. A falta de controle emocional é da outra pessoa. Só dela. Não é porque outra pessoa está brava que você precisa ficar bravo também.

Certa vez, uma pessoa me mandou uma mensagem com letras maiúsculas: "O QUE É QUE VOCÊ FALOU COM A FULANA???". Todos sabemos que, na linguagem escrita, palavras em caixa-alta funcionam como um grito, e excesso de pontos de interrogação denota agressividade. Respondi:

"Oi, querida, tudo bem? Não nos vemos há mais de uma semana. Sobre o que falei para essa pessoa: disse o que combinamos. Grande abraço". Pronto. Tudo ficou calmo.

No Capítulo 4, abordarei em mais detalhes a questão da agressividade, dessa vez com foco no ambiente de trabalho.

Comunicação com respeito e reciprocidade

Fala-se muito em comunicação não violenta. O que é isso que já tem violência no nome? Só se fala o que essa comunicação não é – violenta. E o que ela é? É uma forma de comunicação que nos compele a usar o coração em cada fala, pois nos ensina a observar e a identificar os comportamentos do outro que mais nos afetam. Sob o meu ponto de vista, é um processo que busca alcançar profundidade nas relações e se desenvolve a partir de quatro pontos: a *observação do contexto que se vive no momento* para que a conversa se desenvolva sobre o momento presente; a *identificação dos sentimentos* das pessoas envolvidas no diálogo; *clareza sobre as necessidades individuais* e sobre o que precisa realmente ser dito (e sobre o que pode ser silenciado); e, por fim, a expressão respeitosa.

Acredito que adotar uma comunicação assertiva e afetiva é um dos maiores desafios das pessoas hoje em dia e uma das habilidades mais necessárias para inovar em qualquer campo. A comunicação assertiva e afetiva tem pontos em comum com a não violenta. Ambas focam em estratégias de observação cuidadosa do outro, de previsibilidade das emoções que poderão estar presentes em cada situação, de reconhecimento – e consequente cuidado e respeito – em relação aos

> sentimentos de cada um, de aceitação das diferenças de opinião e de clareza de intenção para que aconteça a melhor expressão verbal em cada momento.

Você é amigável demais?

Muitas pessoas com dificuldade para expressar seus pensamentos e sentimentos têm um perfil de comunicação chamado pelos especialistas de "amigável". São diplomáticas, cooperativas, leais, simpáticas. Altamente receptivas e pouco assertivas, num primeiro momento acolhem bem o interlocutor, mas nem sempre comunicam o que sentem nem aquilo em que acreditam. Em geral, esse perfil remete a pessoas "boazinhas", ingênuas e permissivas, sempre com muito foco no que os outros querem ouvir, no que os outros vão pensar dela. Consciente ou inconscientemente, estão preocupadas demais com a imagem que estão passando: "Sou bacana? Estou falando direitinho? Vão acreditar em mim?". Também costumam se criticar muito quando erram.

Você se reconhece em algum aspecto?

Pessoas de perfil amigável e de estilo de comunicação pouco assertivo em geral são calorosas, acolhedoras, recíprocas aos sentimentos dos outros e extremamente cooperativas. Essas características não necessariamente são um problema. O problema é quando, por serem assim, essas pessoas nunca tomam as iniciativas, além de terem dificuldade para fazer contato visual direto e tendência a opinar pouco e fazer muitos gestos, como se os gestos completassem o que a boca omite. Para essas pessoas, é mais fácil deixar-se liderar do que assumir um papel de líder. O desejo de se colocar melhor em relação aos outros acaba sempre esbarrando nessa dificuldade de expressar-se.

FALEI SEM PENSAR

Qual é o segredo para conseguir contrabalançar o estilo de comunicação amigável com uma postura mais direta, mais firme, que transmita segurança e ajude a mudar a forma como essas pessoas são percebidas pelos outros?

A postura corporal é o primeiro tópico relevante. Endireitar o corpo, ficar mais ereto, ensaiar frases no modo afirmativo. A expressão "A comunicação depende de como você se sente e do que mostra sentir" é usada por vários autores e estudiosos, entre eles a psicóloga social Amy Cuddy. Segundo ela, devemos nos colocar corporalmente exatamente como queremos nos sentir. Por exemplo, ao dar uma palestra ou ao falar com alguém, você deve sempre adotar uma postura de vencedor, uma "pose do poder", como já vimos – corpo ereto, peito aberto, braços paralelos ao tórax e abdômen e mãos, sempre que possível, próximas à altura da cintura, longe do rosto. Isso faz com que o seu cérebro entenda a mensagem de como você se sente e reduza, automaticamente, os níveis de cortisol, diminuindo o estresse. Você passa a se sentir mesmo um vencedor. Ou seja, a postura corporal muda a mente, a mente muda o comportamento e, ao mudar o comportamento, você muda a sua vida.

Segundo uma pesquisa do psicólogo social americano Adam Galinsky e de seus colaboradores, existem dois pontos muito importantes no processo de comunicação:

1. Você parecer poderoso a seus próprios olhos.
2. Você ser capaz de ver sua força refletida nos olhos dos outros.

Quando você se sente poderoso, você se sente muito mais seguro de si, muito mais assertivo. O interlocutor, ao percebê-lo desta forma, lhe presenteia com sua atenção e confiança.

Experimente também falar de maneira mais pausada, para dar continuidade ao discurso e evitar perdas de fluência que podem deixá-lo inseguro e o obrigam a usar gestos e trejeitos para compensar possíveis faltas de palavras. Enfatize as sílabas tônicas com um leve gesto de mão. Por exemplo, se você fala as palavras "faça agora", e quer dar ênfase na palavra "agora", acompanhe a sílaba tônica "go" com um movimento de mão, ou do dedo indicador. A sílaba tônica é a mais longa da palavra e é proferida em um volume um pouquinho mais alto que as demais. Para falar com ênfase, é importante realçar o volume e a duração que se dá para a sílaba tônica.

Da mesma forma, os gestos podem ser lentos e pontuais. Eles devem auxiliar, colaborar com a fala. A ênfase das mãos deve acompanhar a ênfase da voz de maneira coordenada. Os gestos de braços e mãos devem ir para os lados e, se ocasionalmente forem para cima, devem ir, no máximo, até a altura do início do pescoço, para não encobrirem as expressões da face. Olhar o interlocutor nos olhos, controlar o volume da voz e dominar a prosódia, isto é, a entonação da fala, permitem transmitir o pensamento e as emoções de forma eficiente. Com isso, você ganha expressividade, assertividade e, de quebra, o interesse e a atenção do outro.

As pessoas de perfil amigável, que têm inabilidade para expressar positivamente seus pensamentos e sentimentos, acabam sendo ouvintes passivas: ouvem, percebem diferentes pontos de vista, dão o melhor de si para o sucesso do outro. Só se esquecem do seu próprio e acabam não se expressando quando deveriam. Ou sorriem demais quando, na verdade, deveriam se colocar de outra forma. Muitas vezes, é no campo do trabalho, com relações mais estratificadas, papéis a desempenhar e ambiente mais claramente competitivo, que os problemas de comunicação se revelam com maior intensidade. Mas as mudanças que ocorrem quando você consegue transformar o seu jeito de se comunicar se estendem por todas as áreas da vida.

Ganhe segurança

Muita gente acredita que a fala não admite correções; o que está dito está dito, sem voltas. E isso gera muito medo e insegurança em se colocar, não é mesmo? Mas saiba que você pode aprimorar a fala, sim! E deve. Existem estratégias para retomar a informação e corrigi-la, se necessário. Lembre-se disso quando aquela vontade de atingir a perfeição quiser jogar um balde de água fria na sua autoestima.

Expressões como "explicando melhor", "quero dizer", "retomando aquele ponto", "na verdade", "deixando mais claro meu pensamento" são recursos bastante utilizados pelos oradores e que permitem a você que reveja o que falou. Para usar esses recursos, porém, é preciso ouvir o outro e ouvir a si mesmo, ou seja, focar sempre naquilo que está dizendo e no que os interlocutores dizem. Se deixou de prestar atenção, como vai recuperar e compor o seu próprio raciocínio, acrescentando novas camadas de informação?

Nosso cérebro funciona de maneira similar a uma busca no Google. Quando você digita as três primeiras letras de uma palavra no campo de busca, a ferramenta tenta prever aquilo que você quer digitar antes de você completar a palavra e oferece alternativas para facilitar sua seleção. Essa busca do Google simula o efeito de previsibilidade do cérebro, que está pronto a prever tudo o tempo todo. Esse efeito quase de adivinhação do que o outro vai falar acontece graças ao que chamamos de "redundância interna", e é o que permite que você entenda a fala, mesmo quando existem ruídos na comunicação. A redundância interna depende do nível de atenção auditiva, da variedade de vocabulário e da prática linguística. Quando você não consegue se ouvir, perde a conexão consigo mesmo, interrompendo as frases no meio o tempo todo e fazendo as pessoas sentirem-se autorizadas a completar seu pensamento. E, muitas vezes, você nem se dá ao trabalho de corrigi-las, só para ser agradável, mesmo que o contexto do que queria dizer tivesse sido alterado, mesmo que até discordasse. Simplesmente se esquiva a se contrapor ao outro, por pura insegurança.

Esqueceu-se do que ia falar ou se atrapalhou para completar sua ideia? Isso pode acontecer com qualquer um: não significa que você não seja capaz de se comunicar bem ou que "estragou tudo". Respire fundo. Veja algumas dicas adiante, no boxe "Deu branco?".

Muitas pessoas têm perdas de fluência e tentam completar o pensamento com as mãos. Saber como retomar o fluxo de fala e construir o núcleo da informação na fala é essencial. Todos usamos habilidades de comunicação interpessoal. Nós as usamos em casa, com a família; no trabalho, com os chefes e colaboradores. Usamos ao responder e-mails, ao pedir pizza por telefone. As pessoas nos respeitam ou nos rejeitam baseadas na nossa competência como comunicadores interpessoais. Imitar, falar como os outros por insegurança ou perfeccionismo, não faz sentido do ponto de vista da comunicação. Cada um tem seu estilo e constrói a própria fala a partir dos talentos individuais, das necessidades e expectativas. Inspire-se nas pessoas cujas habilidades de comunicação você admira, mas seja você! Ou seja, você não precisa se tornar uma pessoa dura com os outros, quando no fundo você gosta de ser empático. Há muitas formas de ser assertivo sem deixar de ser quem você é.

Deu branco?

Para aumentar a chance de recuperar o fio da meada, seja generoso e complacente consigo mesmo. Nada de se julgar, de se colocar para baixo. Seja sua melhor amiga ou amigo. Pare, respire fundo e administre o nervosismo, porque a ansiedade só afasta da mente aquilo que você quer recordar. É natural esquecer alguma coisa, qualquer um passa por isso de vez em quando. A tranquilidade vai ajudá-lo a resgatar as informações na memória e reorganizá-las. Durante a conversa ou apresentação, você pode parar e dizer a seu interlocutor: "Pode repetir o que disse? Estou pensando aqui numa ideia que tem a ver com isso". Pronuncie as palavras sem pressa. Assim, você ganha tempo e a memória pode reordenar as informações. Trabalhe sua personalidade para ser capaz de lidar com os pequenos fracassos cotidianos. Assim, caso se esqueça mesmo do que ia falar, pode olhar seu interlocutor nos olhos, sorrir e dizer: "Sabe de uma coisa? Esqueci o que ia dizer e vou começar de novo!". Qual o problema, você é humano, certo? E humanos são passíveis de enganos. É uma rima e uma solução.

Colocar limites é diferente de falar "não"

As pessoas tendem a confundir esses dois conceitos. Quando você fala "não", você fala só o que não deseja, deixando de expressar o que realmente quer. A comunicação será mais eficiente se, em vez de falar "não", você conseguir colocar limites, usando frases afirmativas e expondo de maneira clara e contundente suas expectativas e pensamentos.

No fundo, aqueles que são incapazes de colocar limites sofrem. Essa falta de assertividade provoca uma série de situações ambíguas. Por exemplo, em um ambiente de trabalho, pessoas com dificuldade de expressar limites são aquelas que vendem uma imagem de que querem relações apenas passageiras com o poder, mesmo quando desejam tanto aquela promoção, aquele aumento, aquele cargo! Pense: se o seu desejo é pouco claro para você, como deixá-lo claro para o outro? Ter inabilidade para expor o que se pensa gera confusão e ambiguidade. Deixar o outro com a impressão de um "não" ou de um "talvez" quando o seu desejo é definitivamente um "sim" (ou vice-versa, dependendo da situação) pode ser uma estratégia para procrastinar, uma dificuldade para adotar um posicionamento ou mesmo uma forma de manipulação. Expressar-se pode ser difícil; deixar de expressar-se, duvidoso; e expressar-se no momento errado, desastroso!

Imagine que, depois de muito tempo de isolamento voluntário, vivendo em um sítio, você volta ao escritório para uma reunião do time. Ao final dela, seus pares sugerem um almoço num restaurante próximo, e você aceita com alegria. Afinal, aquela era uma celebração dos bons resultados da reunião e, aproveitando o fato de estarem juntos, você gostaria de compartilhar impressões e sentimentos. Chegando ao restaurante, você verifica que está lotado e que a mesa onde vai se sentar é muito próxima de outras quatro. Você sente um primeiro sinal de desconforto, de ameaça à sua privacidade, mas prossegue no intento de almoçar com os colegas. Ao se sentarem todos muito juntos numa mesa pequena circundada por muitas outras, lá vem sua segunda sensação de desconforto; sente quase que uma ameaça. Afinal, seis meses de retiro vendo e conversando com pouca gente fizeram com que quisesse muito ouvir seus amigos e falar, falar. Pede aos amigos que se mudem para um restaurante menos cheio e mais calmo para poderem conversar. Seus amigos começam a rir de você, zombando de seu pedido. E você sente desconforto, desapontamento e humilhação.

O que você faria para essa situação acabar bem para você e os outros? Começaria a falar e riria com os outros, mesmo contrariando sua necessidade de privacidade e suas crenças? Eu, no seu lugar, falaria claramente que escolher um local onde pudessem conversar mais livre e espontaneamente seria uma atitude imprescindível para seu bem-estar naquele momento. E acrescentaria: "Gosto muito de estar com vocês e respeitar minhas crenças é importante para mim, pois quero me sentir confortável estando com vocês". Pronto! Em algum momento você falou o que não queria? Só afirmou o que causava conforto a você e como gostaria de permanecer e, com isso, deixou claro o seu posicionamento e o limite do que você poderia aceitar.

Pratique

Neste exercício, convido você a ensaiar como poderia responder de forma positiva e assertiva a algumas situações que desafiem seu posicionamento. Quero que você se autoincentive a expressar a emoção que sente no momento, mas sem usar as palavras "mas" e "não". Sugestão: as palavras "prefiro" e "proponho" são campeãs de uso favorável.

Pense nas situações a seguir. O que você falaria? Deixarei uma resposta completada como sugestão para você.

1. Você e um amigo estão saindo do trabalho e ele o convida para jantar. Você já tem compromisso marcado, mas deseja incentivar uma convivência amistosa. Então, como expressar sua animação

com o convite, ainda que não possa aceitá-lo neste momento?
(Sugestão: "Jantar? Que convite agradável, muito obrigado! Prefiro jantarmos na quinta-feira, se você também puder".)

2. Seu chefe o chama, aos gritos, para uma conversa sobre uma pesquisa que você acabou de entregar. Ao entrar na sala, você vê cinco pessoas que estão rindo dos comentários que o chefe faz sobre o trabalho. Você se sente envergonhado e humilhado, com vontade de sumir. Como responder?
(Sugestão: Evite interrompê-lo. Ouça até o fim focando o seu olhar nele, ficando com o rosto sério e ignorando os outros que riem (por mais difícil que seja engolir a humilhação). Quando ele terminar, agradeça a opinião (sim, agradecer aqui é importante, pois o agradecimento neutraliza possíveis reações, suas e dele), explique que aquela era a sua maneira de ver as coisas e que seu desejo era colaborar. Ofereça-se para refazer segundo os critérios que ele recomendar.)

3. Você e seus primos querem dar um presente à sua avó. Quando você vê o vestido que eles estavam querendo comprar, acha horroroso e nada a ver com a sua avó. Calar-se seria uma solução? Como se expressar?
(Sugestão: Falar é sempre uma decisão. Claro que você pode escolher se calar nessa situação, mas, vamos lá, nosso livro é sobre ser assertivo expressando nossas ideias e perspectivas, certo? Então, sugiro a você que escolha um ponto favorável

*do vestido, por exemplo, o comprimento, e diga que você o aprecia. Após leve pausa, continue: "Ao mesmo tempo, **não** tenho certeza quanto ao colorido e tamanho da estampa, bem como ao detalhe na cintura, que talvez fique desconfortável para o dia a dia. Vamos ver outra opção?". Agora resta torcer para que eles aceitem seu ponto de vista!)*

4. Você ganhou o seu primeiro bônus anual e quer usá-lo para passar uma semana em uma praia famosa por suas baladas. Sentindo-se muito orgulhoso de si, anseia por conhecer o local de que tanto já ouviu falar. Na última hora, sua irmã diz que gostaria muito de acompanhá-lo, pois após o término de seu namoro precisa conhecer gente nova. A última coisa que você quer é levar sua irmã nesse tipo de programa. O que você poderia dizer a ela?

   (Sugestão: Falar com pessoas queridas sempre requer mais cuidado. Nesse caso, você pode de início concordar inteiramente com a afirmação de que ela precisa conhecer gente nova e que esta será uma boa meta. Continue com a expressão "ao mesmo tempo": "Ao mesmo tempo, para seguir sua meta de maneira eficiente, talvez seja melhor ir com uma amiga, que poderá colaborar com estratégias, e não com o irmão, cuja presença poderia inibir possíveis interessados". Mencione que fez planos para ir sozinho desta vez e que poderiam fazer um programa juntos assim que voltasse de viagem.)

5. Na reunião semanal do time com o chefe, todos recusam-se a ouvir suas ideias e você se sente bastante excluído e rejeitado. Como reagir?

(Sugestão: assim que a reunião terminar, peça para conversar com a pessoa que mais o ouve habitualmente, elogie suas ideias e peça conselhos. Pedir conselhos é uma das melhores maneiras de ser assertivo e agradável. Diga que deseja colaborar, que quer muito emplacar uma ideia e agradeceria muito se ela pudesse lhe explicar qual seria a melhor maneira de expor seu pensamento. A pessoa, lisonjeada pela solicitação de um conselho, vai responder com amizade e consideração.)

Capítulo 3
Clareza, escuta ativa e persuasão

Quais são os objetivos da comunicação? Fazer-se entender, transmitir o que você realmente quer, divulgar suas ideias. Note que tudo isso envolve o outro: aquele ou aqueles com quem você está se comunicando. Por isso, faz parte da boa comunicação buscar entendimento entre os envolvidos. Quanto mais clara e menos ambígua, mais eficaz ela será: seu interlocutor entenderá o mais exatamente possível o que você disse e você receberá aquilo que ele falou com a menor distorção possível. Parece fácil. É? Quando estamos nos comunicando, trocamos informações, emoções e sentimentos; criamos e compartilhamos significados. Logo, comece a falar com o fim em mente!

A comunicação é capaz de unir ou de separar as pessoas. Para unir, é necessário ter *clareza* do que você pretende falar, foco para praticar uma *escuta ativa* e engajar o outro na conversa e *persuasão* para o outro entender o que você está comunicando e trazê-lo para o seu time, digamos assim. Tudo isso será tratado ao longo deste capítulo.

Lembre-se de que nossos maiores bens são o tempo e a atenção. É preciso observar a nós mesmos e ao outro, e não se perder de quem você é. Qual comunicação você quer ter? Fuja de falta de foco, falta de clareza e emissões muito longas: esses são inimigos naturais da comunicação. São obstáculos que fazem você perder seus objetivos de vista. Tenha atenção ao conteúdo e ao modo como está se comunicando, bem como à maneira como seu interlocutor está reagindo. A comunicação é sempre um percurso de mão dupla: quem controla o discurso do falante é o ouvinte. Você, como falante, tem que tomar conta do ouvinte, dar-se conta de suas reações. Ele está bocejando, está disperso? Será que você está se alongando demais? É como quando aprendemos sobre conjuntos na aula de matemática na escola: lembra da intersecção? É a parte comum entre o seu conjunto e o do outro. Numa conversa, é necessário um equilíbrio entre o seu mundo e o mundo do seu interlocutor. A pessoa tem o mundo dela, você tem o seu, e aí, no momento da comunicação, forma-se o conjunto da intersecção, que é aquilo que vocês têm em comum e estão tratando naquele momento.

Com vocês, esta grande ajudante: a clareza

Entendo a comunicação clara como a comunicação curta, feita com verbos de ação, em que se escolhe claramente o que se quer comunicar de uma maneira tal que o outro não só entende o conteúdo como faz questão de se alinhar com você. Isso serve para qualquer conversa! Claro que, quando você está jogando conversa fora com amigos, fica mais relaxado do que quando está em uma reunião. Mas até para contar um caso engraçado você precisa de clareza na história, se quiser cativar os ouvintes e fazê-los se interessar em ouvir até o final.

Pode-se dizer que os melhores amigos da clareza são:

- Usar a ordem direta da frase sempre que possível, pois ela traz clareza para o que é dito e evita ambiguidades. Siga a fórmula: Quem (ou O que) + Ação + Como + Quando + Onde + Por quê. Por exemplo, "Eu comprei maçãs ontem no supermercado porque já haviam acabado em casa". Nesse exemplo não usei o "como" porque talvez fosse desnecessário. Agora, nesta outra frase, o "como" é bastante necessário para acompanhar a ação: "Ele começou a andar muito rapidamente ontem no parque porque começou a chover e ele estava resfriado".
- Expressar o que quer dizer realmente e evitar falar só o que não quer, como nas frases do tipo "Não é que eu queira te desagradar, mas..."; "Não é para você ficar nervoso, mas...".
- Continuar a frase até o fim, pois só assim o interlocutor vai tomar conhecimento de sua ideia de uma maneira abrangente. Algumas pessoas têm mania de pressupor que o outro sempre sabe do que estamos falando e citam casos e pessoas sem explicações adicionais. Por exemplo, você vira a seus colegas, numa reunião, e diz: "O Pablo topou fazer aquele projeto". Será que eles sabem quem é Pablo nesse contexto? Sabem a que projeto você está se referindo? É sempre bom ser claro: "O Pablo, aquele designer premiado de que falamos outro dia, topou fazer o projeto da empresa X".
- Usar ganchos de continuidade, como as palavras "então", "logo", "assim", "concluindo", para organizar a sua fala de forma lógica e sequencial.
- Quando estiver no papel do ouvinte e sentir que não está entendendo tudo o que é dito, vale sempre perguntar gentilmente o assunto. Expressões como

"Quero entender melhor o seu ponto" ou "Você poderia repetir isso? Gosto muito do assunto e gostaria de compreender mais" são perfeitas para isso.

Já o inimigo número 1 da continuidade e da clareza são as frases interrompidas. Quando queremos manter o foco do diálogo, devemos evitar interrupções. Alguém começa a falar, a outra pessoa interrompe duas vezes seguidas – isso vai gerar falta de clareza na comunicação. Por isso, é preciso aprimorar uma habilidade de que já falamos: a escuta ativa. Veja mais adiante sobre essa ferramenta, em "A arte de ouvir bem".

Quando você é interrompido no meio da fala, pode esquecer o que ia dizer, e então a conversa que seguia determinados parâmetros toma um desvio e acaba trazendo outros pensamentos e outros parâmetros que talvez sejam desinteressantes para aquele momento. Uma conversa repleta de interrupções dificulta o estabelecimento de laços e não chega a lugar algum! Para evitar ser interrompido enquanto fala, mantenha seu olhar no interlocutor, ou nos interlocutores, e, ao falar, faça movimentos leves e contínuos da esquerda para a direita com o braço dominante para acompanhar o fluxo da fala. Ao acabar, pare o movimento e faça uma pausa maior que as anteriores para que o interlocutor compreenda que você espera uma resposta.

A arte de ouvir bem

Com todas as distrações proporcionadas pelo mundo moderno, encontrar um bom ouvinte atualmente é tarefa difícil. Estudos indicam que a maioria das pessoas capta menos de 50% daquilo que entra pelos seus ouvidos! Por isso, não causa espanto que problemas causados pela má comunicação sejam tão frequentes nos ambientes privados e nos corporativos.

A seguir, apresento duas atitudes que você pode adotar para se aprimorar na nobre arte de ouvir bem.

Autoconsciência

Preste atenção a seu comportamento, seus sentimentos e hábitos enquanto ouve o outro, seja qual for a situação.

- Qual é a linguagem corporal que você utiliza? Você fica de braços cruzados quando ouve alguém?
- Você olha nos olhos da pessoa?
- Você mantém o foco no que está sendo dito ou fica pensando no e-mail que precisa escrever em seguida?

Corrigir seus erros por meio da auto-observação ajuda você a ouvir cada vez melhor.

Escuta ativa

Ouvir é uma palavra-chave se você quer se comunicar bem. Ouvimos para aprender, para nos aproximar do outro, para nos informar, para compreender o outro, para mostrar que somos gentis. Ouvir é um sinal de respeito. A palavra técnica é "escuta ativa" e envolve receber e devolver informações, ficando 100% concentrado na conversa, tanto na hora de ouvir quanto na de falar.

Responder adequadamente, oferecer respostas abertas e esclarecedoras e que relacionam os vários aspectos da fala do outro fazem parte dessa forma de escutar. Nem sempre é fácil, eu sei. Sobretudo em situações emocionalmente tensas, é preciso um esforço adicional para manter a escuta nesse nível colaborativo.

Veja algumas dicas para conseguir chegar lá:
- Sugira sempre um local mais tranquilo para a conversa; isso pode ajudar na escuta ativa.

- Mantenha a atenção na linguagem verbal e não verbal do outro.
- Demonstre seu interesse pela mensagem ouvida fazendo pequenas intervenções, como "sim", "é claro", e usando expressões faciais adequadas.
- Verifique se entendeu tudo, checando as informações importantes com frases do tipo "Se ouvi bem...", "Ouvi você dizendo que...".
- Evite ao máximo interromper o falante.
- Se necessário, estabeleça algumas regras, como "OK, vamos falar disso, mas não vamos trazer para a conversa o que aconteceu no passado. Podemos focar no que vamos construir daqui para a frente?".
- Por último, emita sua opinião de forma honesta e respeitosa, quando tiver certeza de que realmente entendeu o que o outro disse.

A audição e a fala se organizam no tempo, enquanto a visão acontece no espaço. Apesar de só entendermos realmente o que o outro quis dizer quando ele termina de falar, nosso cérebro, como você já leu aqui, a partir de poucas pistas, é capaz de formar hipóteses e fazer projeções. Isto é, ao ouvir, você já vai levantando hipóteses sobre o rumo da mensagem.

Por isso, quando fazemos treinamento de *youtubers* ou de repórteres para a televisão e mídias sociais, sugiro que, caso errem, evitem pedir desculpas ao público ou interromper o raciocínio, porque isso pode cortar o processo de escuta do interlocutor e o registro do que havia sido falado antes. O melhor, nesse caso, é reformular a frase do jeito certo, porque quem ouve vai, naturalmente, substituir a frase errada pela correta. A informação nova irá se sobrepor à antiga, como se fosse um bolo em camadas.

Muita gente sofre com perdas de fluência e tenta completar o pensamento usando recursos não verbais, como movimentar as mãos e fechar os olhos. Quando fecha os olhos, você automaticamente exclui e isola o interlocutor. Ou seja, além de ter dificuldade para dizer o que quer, é como se você o tirasse da conversa.

A questão da empatia e da compaixão

Além de ficar totalmente concentrado na conversa e no que diz, é imprescindível lançar mão da empatia para se tornar um ouvinte nota 10. Usado pela primeira vez pelo psicólogo britânico Edward Titchener, o termo vem do grego *empátheia*, que significa "entrar no sentimento". Em outras palavras, é reconhecer o estado mental do outro e colocar-se em seu lugar.

É natural do ser humano: quando alguém conta algo, tudo o que deseja é que você sinta o que ele está sentindo e expresse sua compreensão por meio de palavras e movimentos corporais acolhedores. Ninguém espera ser tratado com indiferença em um momento de vulnerabilidade. Apesar disso, muitas vezes falta empatia e compaixão nos relacionamentos conjugais, familiares, profissionais. Sem empatia, você deixa de colocar-se no lugar do outro. Sem compaixão, inexiste a possibilidade de colaborar de maneira suave para que a vida do outro seja mais agradável.

Veja, podemos desenvolver essas duas virtudes a qualquer tempo – e o primeiro passo é identificar e respeitar nossas próprias dores e necessidades, ou seja, exercitar o autoconhecimento, nos aceitarmos como somos. Afinal, só pode entender o outro quem se solidariza primeiro com seus próprios sentimentos.

O próximo passo é começar a ouvir as pessoas apenas com a intenção de entendê-las, sem julgar, concordar ou discordar delas. Isso nos possibilita ajudá-las de verdade. Que fique bem claro: empatia é diferente de simpatia, definida somente como uma afinidade espontânea entre dois seres; e compaixão é diferente de dó. É o desejo de aconselhar e colaborar para tornar a vida do outro mais agradável.

Tipos de escuta – e de ouvintes

Comunicar é um jogo de pingue-pongue: alguém envia uma mensagem, o outro recebe e devolve, o primeiro rebate. Nesse contexto, o jeito como falamos ou nos expressamos, mesmo sem dizer uma palavra, é tão revelador quanto a maneira como escutamos.

Quando a escuta é feita de forma ativa, quem fala se sente estimulado a seguir adiante. O contrário também é verdadeiro. Quando você fala e o outro parece nem ouvir, é bom verificar se o que você está dizendo está adequado ao seu interlocutor e, se necessário, ajustar a mensagem para capturar a atenção dele.

Escutar é tão essencial e complexo que os especialistas falam de quatro tipos de escuta: reflexiva, empática, informacional e apreciativa. E também de quatro tipos de "escutadores", ou ouvintes: os distantes, os envolvidos, os ativos e os passivos (veja as figuras 3.1 e 3.2).

FIGURA 3.1: TIPOS DE ESCUTA

ESCUTA REFLEXIVA
Olha para a evidência
Busca raciocínio lógico
Requer entendimento

ESCUTA EMPÁTICA
Foco na emoção do falante
Permite que o ouvinte veja outro ponto de vista

ESCUTA INFORMACIONAL
Foco nos pontos-chave
Aceita as informações sem julgamento ou críticas

ESCUTA APRECIATIVA
Ouve por entretenimento
Sem análise

FIGURA 3.2: TIPOS DE OUVINTES

DISTANTE
Evita contato visual
Falta entusiasmo
Parece estar longe, desatento, desinteressado ou entediado

ENVOLVIDO
Às vezes faz contato visual
Posição de alerta
Dá atenção ao falante

PASSIVO
Pode ou não ter contato visual
Atenção falsa
Pouca energia ou esforço
Aparenta calma e descontração

ATIVO
Olhos nos olhos
Postura de alerta
Dá total atenção
Foco no que está sendo dito
Total participação

Agora combine as duas variáveis: os tipos de ouvinte e os tipos de escuta. Um ouvinte ativo pode ter qualquer um dos tipos de escuta. Um ouvinte passivo pode, no máximo, desenvolver uma escuta apreciativa. Analise-se e veja qual tipo de escuta utiliza no seu dia a dia, em casa e no trabalho.

Lembre: ouvindo o outro até o fim, você está deixando claro que tem boa vontade em relação a ele. Quando você mostra boa vontade, como ele responde? Com receptividade, confiança e afeto. E assim a comunicação flui melhor para todos.

Como saber se estou sendo ouvido?
Observe os sinais não verbais manifestados por seu interlocutor:

- Ele/ela parece entediado ou disperso?
- Sua expressão fisionômica é relaxada e tranquila?
- A pessoa está fisicamente inclinada na sua direção?
- Seus braços estão abertos e não cruzados, como se quisessem se defender?
- Consegue fazer links e relações com o que você está dizendo?
- Recupera o que você disse na sua própria fala?
- Parece confortável?
- Procura fazer contato visual?

Aprenda a persuadir

Em cada encontro, a cada conversa, cada vez que você se aproxima de alguém, é como se você estivesse usando um par de óculos que é só seu. Essas lentes filtram sua forma de perceber o mundo e é por meio delas que nós nos comunicamos com os outros. Entre nós e os outros se interpõe uma série de obstáculos: padrões culturais diversos, a forma como nos expressamos por meio da linguagem (verbal e não verbal), expectativas individuais, perspectivas diferentes e nossas experiências passadas, nosso histórico de vida, e isso inclui os preconceitos...

Os preconceitos surgem no nosso cotidiano, frequentemente criados por experiências negativas e de forma incidental. Começam cada vez que você usa uma experiência individual para criar regras gerais. Por exemplo, um jovem bate no seu carro por imprudência e, a partir daí, você começa a achar que todos os jovens que se vestem, se comportam e se comunicam como ele também serão imprudentes. Está criado o preconceito. Outro exemplo: se você comprou em uma loja pela primeira vez e teve um péssimo atendimento, imediatamente internaliza que sua experiência foi negativa e passa a generalizar que comprar naquela loja é ruim. Você demora a enxergar a individualidade do outro e da experiência, e isso é a base do preconceito.

Quais são as chances de você se comunicar bem usando esse tipo de óculos? Poucas, certo? Ninguém consegue se libertar completamente de seus "óculos", mas, na construção da comunicação mais eficaz, temos recursos que podemos e devemos usar. Melhor ainda, há habilidades que podem ser aprendidas. Uma delas, talvez das mais importantes, sobretudo no mundo do trabalho e na convivência com a família, é a persuasão.

Interessante é que, em certos círculos, quando o assunto é comunicação, poucas palavras têm conotação mais negativa do que persuasão. Alguns de nós têm uma capacidade natural de cativar, de ajudar os outros a tomar decisões, de reverter situações de oposição. A outros lhes falta essa mesma capacidade. Para complicar, o preconceito faz com que as pessoas confundam persuasão com convencimento e até com sedução e manipulação. Trocam eloquência por uma quase má-fé e esquecem que, sem essa capacidade de persuadir outros e levá-los a conhecer ideias diferentes para aplicá-las na vida cotidiana, nosso destino seria viver sob o autoritarismo de qualquer tirano à nossa volta.

Persuadir é diferente de *convencer*. São palavras distintas, oriundas de atos distintos e efeitos diferentes.

A palavra *persuadir* vem do latim *persuadere*, que significa "aconselhar alguém de forma suave". *Convencer* vem da palavra *vencer*, isto é, ganhar de outro na argumentação, vencer com argumentos lógicos e conhecidos. Podemos convencer uma pessoa sobre a veracidade de nossas ideias e teorias. Coisa bem diferente é fazer com que ela as adote em sua vida. Para que isso aconteça, podemos persuadi-la, tocando-a com argumentos lógicos e também a partir da emoção e dos sentimentos. Podemos convencer uma pessoa a *pensar* como nós; mas só por meio da persuasão ela vai *fazer* como nós.

Analise este exemplo. Imagine que Sérgio fuma e descobriu uma leve disfunção no pulmão. Ele vai ao médico, que logo receita um remédio, orienta-o a fazer exercícios de respiração para desenvolver a capacidade pulmonar e sugere a ele que pare de fumar para ficar completamente curado. Sérgio sabe, reconhece que o médico está falando a verdade e que o lógico seria parar de fumar. Mas sabe também que vai sentir muita falta do cigarro. Por isso fica num impasse.

Impasses se resolvem com estratégia. O médico pode usar uma estratégia. Joga na mesa a cartada final, fazendo-o imaginar os benefícios que deixar o fumo de lado traria à sua vida. Seria bom sentir-se leve ao subir uma escada; correr com os filhos sem se cansar demais; ficar com os dentes mais brancos e um sorriso esplêndido? O médico usou belas imagens de uma nova vida e o incentivou a registrar as boas condutas em uma tabela para que pudesse contemplar suas conquistas e vitórias.

Pronto! Aquele médico competente *persuadiu* Sérgio a adotar um novo estilo de vida, melhor e mais saudável. Entendeu?

Pense se seria possível uma professora ou professor mobilizar um grupo de 25 crianças hipercuriosas e superativas de 2 ou 3 anos sem desenvolver essa competência de persuasão. A mesma coisa vale para um pai cujos três filhos querem comprar a única meia azul da loja, e para a secretária executiva que atende quatro advogados. Existe liderança sem capacidade de persuasão? É possível trabalhar em equipe sem a persuasão, correndo-se o risco de que qualquer discordância se transforme em um conflito?

Para muitas pessoas, esse preconceito sobre a persuasão é tão arraigado que representa um freio de mão no curso de suas vidas, sobretudo entre as mulheres. Com receio de serem vistas como "agressivas", elas muitas vezes "engolem em silêncio" e aceitam ser sempre lideradas. É importante saber, no entanto, que a persuasão ajuda você a trabalhar bem em grupo. Hoje, quando se fala em inteligência empresarial, fala-se em liderança compartilhada. Se você não dominar a linguagem persuasiva, corre o risco de se tornar autoritária ("faça isso porque estou mandando") ou extremamente passiva, concedendo tudo e jamais expondo o que pensa.

Persuadir é visar ao benefício próprio e ao bem comum. Você não usa esse recurso apenas nas salas de aula ou nas reuniões de negócio. Qualquer decisão que precise ser tomada por mais de uma pessoa pressupõe uma troca de pontos de vista. Vai sair para jantar com os amigos? Resolver aonde vão pode ser um desafio, se ninguém tomar a dianteira. Numa viagem, qual programa deve ser priorizado? Como persuadir seu filho de que vale a pena escovar os dentes depois das refeições ou que ele deve ir para a escola todos os dias?

Algumas pessoas são persuasivas desde que nascem. Fazem sua mágica acontecer a cada diálogo. Outras precisam ser ensinadas e tornam-se tão boas quanto as primeiras se começam a praticar de forma frequente.

Hoje, se alguma pergunta me aborrece, evito me apressar para responder. Digo: "Vou pensar. Preciso de um tempo". Respondo depois, explicando: "Pensei bem no que ouvi. Você tem um bom ponto. Ainda prefiro fazer do meu jeito. Da próxima vez podemos tentar sua sugestão". Sou adepta de um discurso afirmativo. Essa é a técnica do sim-não-sim: em vez de usar uma negativa, a ideia é oferecer uma alternativa ao interlocutor. Mais ou menos assim: "Sim, sua sugestão é boa". Em vez de falar "Não vamos usá-la agora", acrescento: "Vamos deixá-la para outro dia. Agora vamos fazer isso como eu disse. Pode ser?".

Regras de platina da persuasão
"Faça amigos e conserve-os." Em 1936, o americano Dale Carnegie, excelente vendedor, resolveu publicar um livro chamado *Como fazer amigos e influenciar pessoas*. O sucesso foi estrondoso, e até hoje esse livro, que foi um dos primeiros de autoajuda publicados, continua a ser reimpresso, e cursos com esse título continuam a ser dados em todo o país. Um dos maiores best-sellers de todos os tempos, já vendeu mais de 30 milhões de cópias em inúmeros idiomas.

Uma das estratégias do autor é criar vínculos de simpatia, pois isso favorece uma atitude colaborativa entre as pessoas. De modo geral, é mais fácil se vincular àquilo que é conhecido, semelhante, portanto, uma forma eficiente de se aproximar das pessoas é buscar em você aquilo que é familiar para elas. Valem interesses comuns, desde hobbies até séries favoritas. A partir desse conhecimento das coisas que podem aproximar você e seu interlocutor, tente descobrir se existem pontos que podem e devem ser valorizados. É aí que nascem os elogios verdadeiros, que são bons condutores de vínculos.

Incluir o outro na sua fala também é outra importante forma de persuadir. Diga o que tem a dizer e pergunte: "O que você acha?", "O que você pensa?", "Eu penso assim, e você?". Lembre: a comunicação é esse conjunto de interseção que acontece entre você e o outro. Na hora em que isso está acontecendo, você descobre similaridades. Ao fazer essas descobertas, você pode usá-las na sua fala, gerando afeto e boa vontade. Hoje em dia, muitos estão impacientes, com convicções fortes e dispostos a entrar em conflitos por qualquer desacordo. Em vez disso, busque harmonia, consonância! Preste atenção ao que o outro tem em comum com você. Em vez de se concentrar nas diferenças, verbalize similaridades! Em vez de ficar criticando, busque pontos de contato! Para que ficar apontando o dedo, acusando? Para provar que tem razão? Isso não é persuadir, é forçar para convencer, querer mandar.

Outra regrinha básica: lembra-se do "Não faça para o outro o que não quer que façam com você"? Agora torne a frase positiva: "Aja com o outro como você gostaria que o outro agisse com você". Isso inclui elogiar quando achar que cabe, conceder aquilo que gostaria de receber, negociar até onde esperaria que negociassem com você.

Sabe quando seu filho se vira para você e diz: "Mas todo mundo na minha escola pode comer balas à vontade!". Então, ele está expressando uma tendência da maior parte das pessoas de seguir os caminhos de seus pares. Vários estudos confirmam que, de modo geral, nossa tendência é acreditar em quem imaginamos que se parece conosco ou que compartilha das mesmas crenças e circunstâncias. Quando seu filho usa esse argumento, no fundo o que ele está dizendo é que "todo mundo que conta" no pequeno universo dele faz daquele jeito, e ele gostaria de seguir esse modelo. Agora cabe a você argumentar para persuadi-lo.

O famoso psicólogo social Robert Cialdini, professor de psicologia e marketing, resolveu se dedicar ao estudo da persuasão porque queria entender as variáveis que levavam um indivíduo a dizer "sim" a um pedido. Desejava selecionar estratégias que explorassem melhor o uso bem-sucedido dessas variáveis. A partir de uma seleção de palavras e ações, ele escreveu *The Psychology of Persuasion* em 1984, livro que foi reeditado em 2001 como *Influence: Science and Practice* (lançado em português como *As armas da persuasão*). Data do mesmo ano a publicação do seu artigo "Harnessing the Science of Persuasion" [Aproveitando a ciência da persuasão] na revista *Harvard Business Review*. Reunindo dados de pesquisas científicas, histórias reais de pessoas e a experiência adquirida em organizações que treinam marqueteiros, Cialdini escreveu obras bastante úteis a todos que querem aprender a persuadir e, ao mesmo tempo, se defender de manipuladores.

Cialdini nos ensina com maestria que há seis princípios psicológicos básicos que governam o comportamento humano na hora da decisão, e esses seis princípios podem ser utilizados como excelentes estratégias de persuasão:

1. *Reciprocidade*: nós tendemos a retribuir o que o outro nos proporcionou.
2. *Compromisso e coerência*: ao fazermos uma escolha, nós nos sentimos pressionados a nos comportar segundo o compromisso assumido.
3. *Aprovação social*: buscamos indícios de comportamentos a ser seguidos em pessoas que consideramos semelhantes a nós.
4. *Afeição*: ouvimos pedidos e sugestões de pessoas que conhecemos e de que gostamos.
5. *Autoridade*: temos um senso de obediência em relação às pessoas que reconhecidamente sabem mais de determinado assunto, isto é, que se tornaram uma autoridade naquele tema.

6. *Escassez*: todos queremos uma coisa que pode estar escassa no mercado, e tudo passa a ter muito mais valor quando tem sua disponibilidade reduzida.

Persuadindo a si mesmo
Este é um livro sobre comunicação. Sobre como nós, humanos, podemos nos entender cada vez melhor e conviver com tolerância e alegria. E, como você já deve ter reparado, a comunicação é um aspecto essencial de nossa vida, um dos que mais demanda planejamento. Está assustado com a quantidade de conselhos e princípios? Aos poucos, você vai aprender a dominá-los e começar a mudar seu estilo de se comunicar, sem nem sentir.

Comunicar-se com eficácia é um aprendizado contínuo. Envolve uma mudança radical na forma como você ouve os outros e na forma como conversa consigo mesmo. E, para mudar para melhor, a pessoa que você mais tem que persuadir, se quiser provocar mudanças na sua vida, é você mesmo!

De forma suave, e sempre usando frases afirmativas, você aos poucos vai se persuadindo a mudar comportamentos e padrões que geram sofrimento e pouco contribuem para atingir seus objetivos em relação a si. A lógica adianta muito pouco aqui, porque persuasão envolve *emoção*. Alinhavar racionalmente os benefícios da mudança, examinando os prós e os contras de cada situação, talvez não seja suficiente.

Marita, 39 anos, era muito séria. Engenheira rigorosa, era sisuda e mostrava pouco traquejo social. A fala dela era sem modulação, sempre igual, plana. Pedi para ela se olhar no espelho e imaginar que era outra pessoa, uma simples espectadora/observadora. No final do exercício, ela contou que havia imaginado que esse outro diria: "Você precisa sorrir!". Uma bela resposta, com muitos significados para ela.

FALEI SEM PENSAR

Sorrir mais significa não apenas acolher melhor as pessoas e se comunicar melhor com elas, mas abrir-se para elas, despir a carapaça usada para se manter na defensiva. Sorrir foi um ótimo conselho desse estranho que a olhou pelo espelho. Agora faça você. Olhe-se no espelho e pergunte-se: "O que alguém me diria que poderia me ajudar a melhorar?".

Para a pesquisadora e conferencista Brené Brown, escrever o livro *A coragem de ser imperfeito* foi uma grande vitória. Ela fez uma longa pesquisa sobre conexão e vulnerabilidade. Durante as entrevistas, entendeu que pessoas que mais se julgavam com senso de merecimento tinham três características comuns: coragem, compaixão e conexão. Coragem é uma palavra que vem do latim e significa contar a história de quem você é com todo o seu coração. E essas pessoas tinham a coragem de serem imperfeitas e de serem vistas como são: imperfeitas. Elas estavam dispostas a se livrar de quem pensavam que *deveriam* ser, a fim de serem quem *eram*, o que as tornava vulneráveis – e é na vulnerabilidade que nasce a alegria da criatividade, o amor e o pertencimento.

Essas pessoas também aprendem que podem ser gentis consigo mesmas, pois é difícil praticar compaixão por outras pessoas se você não consegue tratar a si mesmo com gentileza. Portanto, é muito importante selecionarmos o modo como falamos conosco, cuidarmos do nosso diálogo interior, de forma que ele seja gentil e generoso, para assim melhorarmos a comunicação com nossos pares.

Para você transformar hábitos, precisa melhorar cada vez mais essa conversa consigo, deixá-la cada vez mais íntima. Acessar essa intimidade pode ser gradual e possível, mas vale a pena tentar. Uma sugestão é filmar-se respondendo a perguntas como: "O que deixa você mais feliz?", "Você concorda que a vida é bela?", "O que faz seus olhos brilharem?", "Nas horas vagas, o que mais gosta de fazer?",

"Como seria sua vida sem seus maiores medos?". Responda para si mesmo, em detalhes. A partir dessas perguntas, você vai entrando mais e mais em contato com si próprio.

O que deve ficar de fora dessa conversa é: ficar bravo e zombar de si mesmo, além de pensamentos negativos em geral. Se você perceber que está fazendo isso consigo, mude o discurso imediatamente. Olhe para um ponto brilhante durante no mínimo seis segundos. Imagine que essa luz está entrando no seu cérebro. Dê uma ligeira risadinha. Pronto, você já está em outro modo, em outro nível de positividade. Agora retome a conversa íntima em outras bases. E encontre alguma coisa positiva em você para substituir aquele momento negativo.

De pouco adianta falar para você mesmo: "Eu quero ir bem nessa avaliação, então não vou mais me distrair com redes sociais!". Você precisa mudar o discurso para algo mais positivo, sem frases com "não". Por exemplo, algo assim: "Eu quero estudar mais, aprender coisas importantes para minha futura profissão, ter uma mente mais focada". Construir frases afirmativas, minuciosas e detalhadas, relacionadas a seus objetivos é o segredo maior desta conversa. "Quero me tornar uma pessoa mais segura. Quero falar com meu diretor de modo tranquilo e quero retomar a conversa quando o gerente de marketing me interromper como sempre faz na reunião das quintas-feiras."

Assim como você tem dentro de si um crítico que pode ser quase implacável, também tem seu maior fã. Com qual você prefere conversar? Quando as coisas estiverem difíceis e você sentir desânimo ou desmotivação, peça ajuda a seu maior fã e deixe que ele sopre em seu ouvido frases encorajadoras como "Você vai conseguir, sim", "Vai ficar cada dia mais seguro de si". Seu fã tem o dom de fazer você se sentir melhor a respeito de si mesmo. Sentindo-se melhor, você pode aprimorar o jeito com o qual vê as circunstâncias.

Como lidar com críticas

É inevitável não ficar chateado ao ouvir uma crítica negativa de outra pessoa. Como lidar com ela? Nós, seres humanos, tendemos a buscar significado em tudo, sempre. Nosso cérebro é um grande contador de histórias! Muitas vezes, vivemos fatos que não têm sentido nem causa: são aleatórios, e nosso cérebro está lá, se esforçando para fazer conexões entre o que nos foi dito e o que achamos de nós mesmos. Lembre: cada pessoa tem a própria opinião. E pronto, nem todas as críticas precisam ser levadas em conta! Em vez de ficar ruminando a desaprovação na cabeça e sofrendo por dias seguidos, veja se tem algo a aprender com aquilo, descarte o que não serve e siga adiante!

Um bom exercício de diálogo intrapessoal positivo é:

- Pela manhã, fale em voz alta e/ou escreva sua frase do dia. Uma frase curta, clara, com afirmações positivas que darão propósito e guiarão seu dia. De preferência, ao defini-la, associe uma visualização de como será o seu dia com esta atitude. Por exemplo: "Eu sou criativo" ou "Eu me comunico com excelência" ou "Eu penso em como sou capaz antes de reagir às críticas".
- Pela noite, antes de dormir, fale em voz alta e/ou escreva três pequenas coisas boas que aconteceram no seu dia. Pensar nas coisas boas, e não nos problemas, antes de cair no sono, gera um sentimento de gratidão e, consequentemente, de felicidade.

As chamadas "pequenas gratidões" podem transformar sua vida e ajudar você a ser mais feliz – e se tornar, é claro, um melhor comunicador. Quando você tem confiança em si mesmo, transmite muito mais confiança no que diz.

Cinco sugestões para ser mais persuasivo

- Em vez de "mas", use "ao mesmo tempo". Por exemplo: em vez de "Entendi o que você disse, mas discordo", prefira: "Entendi o que você disse. Ao mesmo tempo, penso isso e isso...". Dessa forma, você se atém ao ponto positivo. É como se dissesse: eu me sinto leal em relação a você e a seus ideais e, por isso, estou emitindo essa opinião.
- Descubra similaridades com seu interlocutor. Mesmo detalhes que parecem bobos geram simpatia: "Olha, estou vendo que você gosta de massa bem *al dente*, como eu".
- Faça elogios verdadeiros, de preferência que tenham a ver com algo que a pessoa *fez*; ou seja, elogie atos, não qualidades. Por exemplo, em vez de apenas dizer a um colega: "Ah, você é tão legal!", prefira: "Foi muito legal você ter ajudado o estagiário com esse projeto". Um elogio genérico é vazio e serve para fazer o outro desconfiar de que está sendo bajulado/julgado e você está querendo alguma coisa. E lembre: seja verdadeiro. Evite elogiar uma combinação de roupas que achou horrível. Em vez disso, procure algo de que tenha realmente gostado. Seu objetivo é criar elos verdadeiros.
- As pessoas querem lidar com "autoridades" em algo, isto é, *experts* naquele assunto. Você também tem

que ser autoridade. Evite agir como se suas qualidades fossem conhecidas por todos. Mostre: "Olha, eu posso fazer isso muito bem". Você precisa despertar no outro a ideia de que pode fazer aquilo e bem-feito.

- Faça com que a pessoa se sinta especial, dizendo coisas como: "Olha, vou tomar a liberdade de falar isso para você" ou "Isso é difícil de falar, e como me sinto à vontade com você, vou me expressar...". Dessa forma, você chamará rapidamente a atenção do outro. Sendo sempre sincero, é claro!

Com quem você está falando?

Nada a ver com aquela frase arrogante "Você sabe com quem está falando?". O que quero fazer aqui é falar dos diferentes perfis de comunicação. Para garantir o sucesso de qualquer processo comunicativo, é preciso identificar o seu estilo e o das pessoas com as quais convive. Feito isso, você conseguirá traçar a melhor estratégia para trocar mensagens assertivas e persuasivas com cada uma delas.

Cada um tem um jeito próprio de se comunicar. Enquanto alguns são falantes e se sentem confortáveis em um palco, por exemplo, outros têm personalidade mais reservada. Há aqueles que se apegam aos mínimos detalhes e os que vão direto ao ponto; os que transmitem seus pensamentos e ideias com clareza e os que possuem um discurso ligeiramente confuso, e por aí vai. Diferenças à parte, é importante saber que nosso estilo de comunicação diz respeito às escolhas que tendemos a fazer quando trocamos mensagens com os outros. Ele engloba dois aspectos: o nível de assertividade e o nível de receptividade, isto é, qual é a atitude com a qual recebo a comunicação do outro.

A Figura 3.3, a seguir, reúne os quatro estilos básicos de comunicação, chamados de estilos sociais, apresentados pela primeira vez por Dorothy e Robert Bolton em 1984. Na sequência, explicarei em detalhes cada estilo.

FIGURA 3.3: OS QUATRO ESTILOS BÁSICOS DE COMUNICAÇÃO

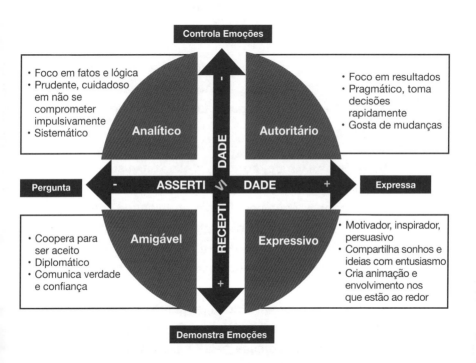

O analítico

CARACTERÍSTICAS PRINCIPAIS:
- comunica-se de forma sistemática e algumas vezes mais lentamente;

- foca no processo da tarefa;
- aprecia uma comunicação precisa;
- é pensativo e profundo;
- precisa de sinceridade, apoio e quietude;
- valoriza o próprio jeito de ser observador e organizado.

PONTOS FORTES:
Planejamento, sistematização, resolução de problemas.

DESAFIOS:
Deixar-se levar pelo fluxo; trabalhar a flexibilidade de pensamento, a habilidade de aceitação e validação do ponto de vista do outro e a capacidade de formular respostas de maneira ágil.

SE VOCÊ É ANALÍTICO, COMO PODE MELHORAR SUA COMUNICAÇÃO?

- Reconheça que nem todo mundo segue um pensamento linear e está disposto a tomar decisões.
- Tenha em mente que, para manter boas relações, é fundamental levar em consideração os sentimentos dos outros.
- Aprenda a formular boas perguntas – elas ajudarão você a conseguir as informações que deseja.
- Demonstre interesse pelas pessoas para construir um relacionamento sólido com elas.
- Concentre-se em compreender o escopo de um projeto. Assim, vai ganhar tempo sem informações desnecessárias.
- Se precisar de mais tempo para analisar uma questão, explique por que fazer isso é tão importante.

O autoritário

CARACTERÍSTICAS:
- comunica-se com agilidade e firmeza;
- foca nos resultados de uma tarefa;
- gosta de comunicação direta e rápida;
- é totalmente orientado por desafios;
- precisa de uma comunicação clara e concisa com os outros;
- valoriza os seus objetivos.

PONTOS FORTES:
Administração, liderança, jogo de cintura.

DESAFIOS:
Ter paciência e sensibilidade com os outros; escuta.

SE VOCÊ É AUTORITÁRIO, COMO PODE MELHORAR SUA COMUNICAÇÃO?
- Tente ouvir os outros com atenção e evite interrompê-los.
- No ambiente de trabalho, permita um bate-papo rápido no início das reuniões, para saber como estão as pessoas do seu time e demonstrar empatia.
- Reconheça que os outros sentem necessidade de expressar as próprias emoções sobre os assuntos abordados.
- Tenha em mente que as ideias dos outros importam.
- Diga aos outros o quanto a contribuição deles foi ou é importante.
- Evite usar o e-mail para comunicar assuntos complicados ou delicados.
- Reserve, no trabalho, um tempo para responder a questões e dar feedback pessoalmente.

FALEI SEM PENSAR

O amigável

CARACTERÍSTICAS:
- é paciente, diplomático, simpático;
- altamente colaborativo, faz de tudo para agradar o outro, mas tem dificuldade de expressar de forma positiva seus pensamentos e sentimentos e de conciliar seus interesses com os dos outros;
- comunica-se com ritmo, de um jeito relaxado;
- foca no relacionamento;
- aprecia comunicar-se;
- precisa de encorajamento;
- valoriza e mostra interesse pelos sentimentos do outro.

PONTOS FORTES:
Escuta, espírito de equipe, lealdade.

DESAFIOS:
Definição de metas, ação, iniciativa, assertividade.

SE VOCÊ É AMIGÁVEL, COMO PODE MELHORAR SUA COMUNICAÇÃO?
- Entenda que a opinião das pessoas sobre determinado assunto independe da opinião que têm a seu respeito.
- Reconheça que nem todo mundo se sente confortável em conversar sobre assuntos pessoais. Deixe que os outros falem sobre a vida deles antes de sair fazendo perguntas de caráter mais íntimo ou mesmo expondo a intimidade alheia.
- Respeite as suas próprias opiniões tanto quanto respeita a opinião dos outros.

- Fale devagar; assim dará continuidade ao discurso e evitará as perdas de fluência que o deixam inseguro e o obrigam a usar gestos e trejeitos para compensar.
- Priorize gestos lentos e contínuos. Os movimentos têm que auxiliar e acompanhar a fala, deixando a face em evidência. Com isso, você ganha expressividade.

O expressivo

CARACTERÍSTICAS:
- comunica-se com agilidade e espontaneidade;
- foca na interação, no relacionamento;
- considera a comunicação algo estimulante;
- é flexível e tende a se sentir desconfortável com rotinas preestabelecidas;
- precisa de reconhecimento;
- valoriza as próprias opiniões, ideias e sonhos.

PONTOS FORTES:
Persuasão, motivação, criatividade.

DESAFIOS:
Organização, atenção aos detalhes, dar continuidade a algo.

SE VOCÊ É EXPRESSIVO, COMO PODE MELHORAR SUA COMUNICAÇÃO?
- Ao propor novas ideias, tente mostrar também como colocá-las em ação.
- Em reuniões, respeite o tempo estabelecido.
- Evite contar muitas histórias pessoais que saiam do tema abordado pelo grupo.

- Em uma conversa, permita aos outros que contribuam com ideias e sugestões – e ouça-as.
- Faça qualquer pedido de forma clara e explique por que ele é importante.
- Demonstre que gosta do trabalho e das ideias dos outros.

Estratégias de comunicação para os diferentes estilos

Ao comunicar-se com alguém do estilo analítico:
- seja profundo e esteja bem preparado;
- valorize o aspecto organizado e pensativo dele e demonstre isso por meio de ações e frases boas e bem construídas;
- perceba que ele precisa de ordem, principalmente de ordem cronológica;
- seja sistemático, exato, organizado;
- deixe claras as vantagens e as desvantagens de qualquer plano;
- mostre evidências sólidas e tangíveis;
- garanta que as ações tenham o efeito desejado.

Ao comunicar-se com alguém do estilo autoritário:
- seja eficiente e mostre competência;
- valorize as metas e objetivos que ele expõe;
- tenha em mente que ele realmente acredita que está certo;
- se você discorda dele, argumente com fatos, deixando sentimentos de lado;
- reconheça as ideias dele, sem levar em conta o lado pessoal;
- influencie as decisões dele mostrando ações alternativas com uma breve análise;

- seja preciso, eficaz e bem organizado.

Ao comunicar-se com alguém do estilo amigável:
- seja caloroso e sincero;
- valorize os sentimentos dele mostrando o seu interesse genuíno;
- tenha em mente que o amigável leva tudo para o lado pessoal;
- perceba que ele precisa ser encorajado para assumir responsabilidades e novos desafios;
- leve em consideração os sentimentos dele quando você discorda;
- dê tempo para que ele confie em você;
- converse de maneira lenta e informal;
- mostre que você o escuta ativamente;
- garanta que as ações dele não envolvam muitos riscos para si próprio.

Ao comunicar-se com alguém do estilo expressivo:
- demonstre interesse por ele e reconheça suas qualidades e ações;
- valorize as opiniões, ideias e sonhos dele;
- evite apressar a discussão;
- perceba que ele entende, mas tem dificuldade para realizar as tarefas;
- tente não argumentar – você tem poucas chances de vencer;
- aceite pontos específicos de qualquer acordo;
- resuma por escrito quem faz o quê, quando e onde;
- seja divertido e ágil;
- use testemunhos e incentivos para estimular decisões positivas.

CAPÍTULO 4
Comunicação no trabalho

A boa comunicação é uma das habilidades socioemocionais mais valorizadas hoje em dia no ambiente corporativo. Afinal, saber se expressar com clareza e assertividade é essencial para o engajamento de uma equipe e, consequentemente, para o sucesso nos negócios. Neste capítulo, vamos então focar nos desafios mais enfrentados no universo do trabalho, abordando como lidar com colegas (ou chefes) agressivos, como dar feedback da melhor maneira e como enfrentar entrevistas de emprego, além de algumas importantes dicas de liderança.

As emoções no ambiente de trabalho

Em todas as nossas interações sociais, agimos como atores que interpretam sentimentos e emoções. Reconhecer e expressar com mais clareza essas emoções e sinais é essencial para construirmos relações e diálogos mais harmoniosos no trabalho. Por exemplo, expressar que você está aborrecido ou decepcionado com alguma decisão, em vez de bravo e deprimido, faz com que o interlocutor se dê conta com mais exatidão do estado mental em que você se encontra. Veja o quadro de emoções da página 239, no Apêndice ao fim do livro, e perceba que nós, humanos, somos dotados da capacidade de experimentar uma variedade quase infinita de emoções, de intensidades diferentes. Selecione como você se sente agora. Revisite esse quadro no fim do dia e escolha mais duas palavras que identifiquem seu estado mental. Você verá que provavelmente serão diferentes. Ou seja, a qualidade de seu diálogo vai ser diferente dependendo do momento e da emoção identificada.

Comunicação é sempre política de convivência, conveniência e sobrevivência. E isso envolve conseguir entrar e sair de situações de confronto, tendo como foco a comunicação assertiva, afetiva e generosa, ou seja, usando os instrumentos e recursos ao nosso alcance para contribuir e colaborar, evitando constranger o outro. A comunicação clara, simples e sintética ganha agora mais duas qualidades: generosa e construtiva sempre. O objetivo da comunicação eficiente e harmoniosa é contribuir, assistir o outro e colaborar com ideias, emoções e propostas. Assim, a agressividade não deve fazer parte da conversa.

Agressividade e situações de confronto

Por trás do termo "agressividade" se escondem muitas outras palavras. E também muitos sentimentos, às vezes confusos e até aparentemente contraditórios. Somos agressivos quando nos sentimos atacados, frustrados, irritados, impacientes, vingativos ou quando achamos que precisamos nos colocar na defensiva. Os sentimentos associados à agressividade ou detonadores de situações agressivas são tantos que, diante de uma situação de confronto, fica difícil saber qual foi o gatilho. Mas o que nos importa, neste momento, é identificar as oportunidades de desarticular a comunicação rotineira, e nem sempre bem-sucedida, para alcançar um patamar em que conversas mais construtivas sejam possíveis.

Pessoas agressivas podem tentar inibir suas explosões. A situação de confronto, porém, pede *gerenciamento* de expressão, e não *controle* no sentido de *omissão*. Geralmente, quando não expressamos o que sentimos, ficamos "engasgados", com as palavras e os sentimentos presos, o que atrapalha o ritmo da vida em casa e no trabalho. Muitas pessoas são tomadas por pensamentos negativos que funcionam como freio de ações: paralisam, fazem você adiar decisões. Fuja deles! Quando se omite, você acaba ensimesmado, calado, dividido entre a decisão de esclarecer posicionamentos ou desistir dos seus objetivos.

A agressividade em geral evolui em escalada. Fatores chamados endógenos detonam preocupações excessivas, ideias fixas, em geral persecutórias, excesso de vigilância – tudo vai se instalando e chega a um ponto em que você começa a expressar essa raiva ou desagrado até corporalmente. Débora, 25 anos, analista financeira, era assim. Autoritária e assertiva, ela tinha dificuldade para expressar suas emoções em momentos de conflito. Ia controlando a agressividade o quanto dava. As emoções estavam todas lá, dentro dela, e prontas para virem à tona. O gatilho era um acaso, qualquer coisa, e provocava uma perigosa e explosiva sensação de descontrole.

Diante da agressividade do outro, nossa tendência é ou atuar como espelho ou nos recolhermos no silêncio, omitindo qualquer reação. Quem age em espelho rebate e rebate. Isso, como era de esperar, provoca uma escalada emocional. O resultado pode variar de um desentendimento verbal até a situações graves de violência física e ofensas verbais. É importante entender que nem sempre a agressividade é expressa de forma explicitamente violenta. A ironia e o sarcasmo são expressões tão ou mais violentas que o grito e o insulto. Fazem parte do arsenal de recursos da comunicação

FALEI SEM PENSAR

passivo-agressiva e são usados para diminuir e humilhar o outro, em uma tentativa de ganhar o controle da situação. Essas formas veladas de agressão machucam tanto quanto ou até mais. E não machucam apenas quem ouve. Quem fala se ouve o tempo todo e também sofre os efeitos negativos do sarcasmo e da ironia.

Um jeito muito eficiente de lidar com a própria agressividade é aumentar seu vocabulário emocional. Quanto mais rico e variado ele for, melhor você vai conseguir nomear suas emoções, modular seus sentimentos e deixar claro ao outro o que sente, para que, juntos, cheguem num acordo.

Use o quadro de emoções sempre que sentir que poderia trocar uma emoção "velha" por uma nova. Gritar pode ser um recurso quando você está numa passeata de protesto expressando sua indignação, mas não necessariamente quando está se sentindo insultado. Nossa mente tem uma grande caixa de ferramentas que nos ajuda a lidar com as mais variadas situações. Não precisamos usar sempre as mesmas velhas artimanhas. Até porque muitas dessas artimanhas aprendemos quando crianças ou adolescentes, e não vale a pena seguir carregando todas elas vida afora. De novo, autoconhecimento é a nossa chave para provocar mudanças na vida.

Rogério, 36 anos, psicólogo empresarial, percebeu seu funcionamento e pôde adaptar a própria expressão verbal. Ele costumava expressar tudo o que o desagradava, sem papas na língua, inclusive de forma mais agressiva. Hoje usa outros recursos e aprendeu a respirar antes de falar o que lhe vem à cabeça. Quando o estresse afeta negativamente nossas relações, o ideal é pensar em outras maneiras de nos comunicarmos. Apenas nós somos responsáveis pela nossa comunicação, e ninguém tem obrigação de nos aguentar. Nem nossa mãe, nem nossos parentes, nem nossos melhores amigos. Muito menos nossos colegas de trabalho.

Da mesma forma que Rogério, muitas pessoas acabam sendo agressivas apenas porque não sabem se colocar de forma clara e assertiva. Acham que estratégias como olhares, expressões de amuo ou de desconforto são sempre entendidas por todos. No entanto, sobretudo nos ambientes de trabalho, essas estratégias não funcionam, simplesmente porque ninguém está prestando atenção suficiente uns nos outros. Como a comunicação não é clara, aquilo vai alimentando a raiva e todos os seus desdobramentos, como desejo de vingança, por exemplo. No caso de Rogério, ele precisava mudar para criar um ambiente de trabalho menos explosivo e estressante. Precisava criar confiança, colaboração e boa vontade entre todos.

A verdade é que a agressividade como forma de comunicação funciona de maneira muito precária. Ela faz mal para quem ouve e para quem fala. O objetivo da comunicação, longe de amedrontar, é enriquecer, construir. E isso não é assim apenas em relação a nós, humanos; todo o sistema ecológico é colaborativo, ou seja, na natureza, colaborar é essencial para manter o equilíbrio e a harmonia. Até as árvores se comunicam e têm um sistema bastante complexo de interdependência, nutrindo-se com alimento extraído das raízes umas das outras.

Ainda usando a natureza como exemplo, uma das causas mais clássicas da agressividade é a competição. Diferenças individuais geram a impressão – muitas vezes falsa – de que você precisa afirmar aquilo que é diante do outro a qualquer preço. Assim, sempre que há um duelo de forças, um confronto, sobram acusações para todos os lados. A raiva é crescente, e há um desejo de expor e humilhar o outro, a fim de ressaltar quem é o "pior".

Nessas situações, a reação mais automática pode ser denunciar erros, rebater acusações e formular outras acusações. Tentar a qualquer custo "ganhar" a discussão, fazer valer seu ponto de vista. Mas será que essa é a melhor alternativa, a mais eficiente do ponto de vista da comunicação? E a resposta aqui vai ser sempre um sonoro NÃO.

Diante de uma situação de confronto, na qual seu interlocutor está expressando raiva e sendo violento verbalmente, o que de fato resolve é conceder ao outro uma fala sem interrupção.

Nesses casos, deixar quem está mais exaltado falar, e falar sem interromper, é a primeira regra para uma comunicação eficiente. Essa fala sem interrupção vai ajudar a "esgotar" a raiva. Se você também se exalta, o resultado é sempre ruim e você entra na mesma onda de agressividade, o que leva a desacordo. A não ser que algum dos interlocutores vire a mesa, concedendo e voltando atrás, uma briga dificilmente gera uma solução de conciliação. Já se você consegue ouvir o outro até o final, você concede tempo.

Outro jeito de acalmar o outro em situações de conflitos é o chamado "efeito Ben Franklin".

O efeito Ben Franklin

Aqui vai uma pequena estratégia para levantar uma bandeirinha de paz: peça um favor não relacionado ao tema da disputa. Por exemplo, "você pode segurar meus óculos por um instante?". Agradeça efusivamente ao pegar os óculos de volta. Esse tipo de comportamento de pedir um favor e agradecer efusivamente faz, por mais estranho que possa parecer, o interlocutor gostar de quem pediu o favor. Isso é conhecido como o efeito Ben Franklin.

Uma pessoa que fez uma gentileza para você uma vez estará muito mais pronta para fazer outra. Essa foi a constatação de Benjamin Franklin (1706-1790), político influente dos Estados Unidos que ajudou a lançar as bases do que viria a ser uma das mais modernas democracias do mundo. O efeito Ben Franklin, simples como pode parecer, pareia-se a muitas descobertas científicas sobre o funcionamento do nosso cérebro. Como funciona? Sabe-se que as pessoas mudam suas atitudes e comportamentos para evitar o que os cientistas chamam de dissonância cognitiva. Nosso cérebro tenta o tempo todo resolver tensões entre nossos pensamentos, nossas atitudes e nossas ações. Sempre que percebe uma tensão entre esses elementos, o cérebro entra em ação para tentar neutralizar essa "desarmonia".

No caso do efeito Ben Franklin, a dissonância que o cérebro percebe é entre o sentimento negativo que a pessoa está experimentando em relação a outra e o favor que acaba de fazer, o qual o cérebro entende como sinal de cordialidade. Imediatamente, o cérebro envia uma ordem para mudar a forma como você se sente a fim de reduzir o conflito. E é exatamente isso que transforma a disposição hostil inicial em um estado de espírito mais favorável à conciliação.

Nosso cérebro funciona como um observador externo, continuamente nos observando, procurando nos ajudar a resolver nossos problemas. Não são apenas as situações agressivas que provocam dissonâncias cognitivas. Sempre que seu comportamento está em conflito com suas crenças ocorre uma dissonância. Um alarme é enviado para o cérebro, que imediatamente aciona uma resposta esperta para desativar esse alarme interior: mudar imediatamente a forma como você se sente.

Se você faz alguma coisa boa para alguém, para seu cérebro é sinal de que você gosta daquela pessoa. Essa estratégia vale para qualquer relacionamento.

Ao pedir um favor ao outro com o objetivo de criar um ambiente propício para a conciliação, ambos podem colaborar na construção de interesses mútuos. É tão sério esse funcionamento do cérebro, e poucos de nós se dão conta! Se você briga e o outro briga também, estão se imitando. E as chances de vocês se perderem na violência são imensas...

Lidando com chefes, colegas e clientes agressivos

Ser interlocutor de uma pessoa agressiva ou violenta é um desafio, mas há algumas saídas. Você pode conciliar, colaborar, confrontar, evitar e desistir. Em qualquer dos casos, os resultados são mensuráveis. Mas qual das reações possíveis e mapeadas promove o resultado mais positivo? Do ponto de vista da comunicação eficiente e generosa, conciliar parece ser a melhor alternativa. Por exemplo, você até pode evitar o confronto esperando a raiva do outro passar, mas evitar não resolve o conflito de fato.

O ideal, então, é sempre conciliar interesses? "Olha, eu lembro o que você falou ontem e entendo. Quero ouvir você, explicar minhas razões e pedir um favor." E, quando o receber, você pode agradecer efusivamente (sem ironias, claro!). Não é uma situação *fake*, é uma empatia natural comandada por seu cérebro. Bondade e gratidão são temas estudados pela ciência porque promovem mudanças reais e efetivas no comportamento.

Ao contrário do que muita gente imagina, apaziguar nem sempre é uma boa solução. Na hora que você tenta apaziguar, pode acabar falando coisas que não são reais ou que você não está sentindo. Além disso, de certa forma, apaziguar acaba sendo adiar. E significa temer o confronto. Não é isso que você quer. O importante é lidar, e não evitar. Conciliar, ao contrário, é chegar a acordos respeitando as diferenças, alinhando as ideias.

Vamos conciliar nossos interesses? O que o outro tem de bom que eu posso usar para começar? Palavras como "conciliar interesses", "alinhar", "ficar na mesma página" são mágicas. Experimente, preste atenção no que o outro está falando e pegue a primeira coisa que lhe pareça boa o bastante para ser o ponto de partida de uma conciliação. A partir daí é que você começa a construir a mudança.

Imagine uma pessoa que reage negativamente a tudo o que você fala de modo agressivo, desconsiderando suas contribuições. Possíveis reações podem incluir:

- deixe-a falar até o fim, mantendo a mesma expressão facial e o olhar em direção a ela;
- use volume de voz que tenda ao baixo e agradeça a sinceridade da expressão dela (aqui agradecer significa usar a palavra "obrigado" como neutralizante do efeito que as palavras tiverem sobre você, pois expressar gratidão de maneira geral tem efeito apaziguador para os dois lados);
- escolha uma das frases ouvidas e com a qual você concorde e expresse essa concordância de pensamento sem apontar para o tipo de comportamento verbal que ela adotou, falando: "Muito bom saber que você e eu concordamos neste ponto! Agora ouça só o que eu também penso para ficarmos na mesma página".

E assim, equilibrada e calmamente, você segue. Mais difícil fazer que sugerir, eu sei. Dá mais trabalho nas primeiras vezes porque pode ser difícil encontrar uma razão para agradecer. Você pode agradecer a sinceridade, a atenção a seus atos, o interesse por suas palavras, o tempo que ela lhe dedica para fazer críticas construtivas, e por aí vai. Persista com dedicação, e essa habilidade, por mais incrível que lhe possa parecer, ficará automática.

FIGURA 4.1: OPÇÕES PARA LIDAR COM DIFERENÇAS DE OPINIÃO

Eu e você podemos alinhar expectativas
CONCILIAR

Eu e você podemos ganhar JUNTOS
COLABORAR

Eu quero ganhar e quero que você perca
CONFRONTAR

Nem eu nem você ganhamos
EVITAR

Eu desisto, deixo tudo para você desta vez
DESISTIR

Lidar com pessoas agressivas é um desafio. Mas ser uma delas pode colocar você em uma posição solitária. Muitas vezes as pessoas começam a evitar você. O resultado de uma postura muito autoritária, agressiva, sarcástica ou irônica é o isolamento e o distanciamento.

Muitas pessoas são litigantes e aprendem a estar no mundo sempre confrontando. Apesar de, em um primeiro momento, essa postura autoritária dar a impressão de que ajuda a conquistar o respeito e a atenção dos outros, no final acaba se revelando limitante e afastando as pessoas.

A melhor maneira de falar com pessoas assim diante de um conflito no trabalho? Diga que reconhece a legítima preocupação dela a respeito de suas ações e lhe agradeça (você já sabe que agradecer é neutralizante, certo?). Em seguida, parafraseie o que ela disse e pergunte: "Bem, eu entendi que você está preocupada que os clientes do Paraná estejam sendo negligenciados, é isso? Eu mesma estou monitorando isso e, como você está preocupada, verificarei novamente agora".

A comunicação é um processo infindável de reformulação, reflexão, aperfeiçoamento. O trabalho vem de você mesmo e é contínuo. Você que está lendo precisa saber que o primeiro passo é a observação de si e do outro; o segundo, tentar novas estratégias; e o terceiro é analisar e reformular sempre para alcançar a excelência.

Dar e receber feedback

Cada vez mais as empresas percebem a importância do feedback na hora de construir um bom relacionamento com os times. Mas quem disse que é fácil dar um feedback, sobretudo quando ele aborda pontos negativos da pessoa avaliada? Aqui, apresentamos algumas dicas para dar (e receber) um feedback da melhor maneira – sem agressividade e com assertividade.

Ao dar feedback:

- Prefira falar sobre dados visíveis e comportamentos concretos do outro. Falar com base em suposições não ajuda em nada.
- Faça comentários com a intenção de ajudar a pessoa a melhorar, e não para humilhá-la.
- Pense honestamente sobre como seu próprio comportamento pode contribuir para melhorar o comportamento dos outros.
- Lembre-se de ouvir: nossa comunicação se desenvolve com o outro, então evite falar sozinho durante muito tempo e "dar sermão". Seja capaz de ouvir o

outro para ver quais são seus anseios e expectativas. Levante hipóteses, aceite sugestões e dê algumas ideias de ação que possam ser desenvolvidas.
- Ofereça ajuda e acompanhe a evolução do outro após o feedback e, principalmente, mostre que está acompanhando.
- Faça perguntas e permita ao outro fazê-las também.
- Mantenha a tranquilidade, a empatia e a compaixão.

Ao receber feedback:

- Venha com a mente aberta.
- Tente ouvir atentamente e com paciência.
- Peça esclarecimentos e ajude fornecendo exemplos de conduta a serem adotados.
- Agradeça e tente considerar o feedback como um investimento em sua própria melhoria como profissional e/ou pessoa.

SMART feedback

Uma abordagem útil na hora de dar feedback a alguém é adotar o método SMART, ou seja, dar um retorno sobre o desenvolvimento de sua equipe de forma que seja:

S (*specific*) – Específico
M (*measurable*) – Mensurável
A (*actionable*) – Atingível
R (*relevant*) – Relevante e Realista
T (*timely*) – Oportuno

Ter objetivos claros, concisos e realistas tem o potencial de tornar qualquer ambiente de trabalho mais comunicativo, motivador e eficaz.

Vejamos um exemplo: Roberto é o líder de cinco equipes que trabalham num laboratório de inovação e recebeu a tarefa de melhorar o desempenho de determinado aplicativo, acrescentando-lhe mais recursos para torná-lo mais funcional e, consequentemente, ser usado com maior frequência. Um dos times de criação deveria trabalhar ao mesmo tempo que o time de desenvolvimento de produtos para que o aplicativo ficasse pronto em dois meses. Um dos diretores do time de criação, justamente o que tinha a maior carga de trabalho neste *job*, era bastante calado, focado no trabalho de criação, e não estava conversando com o pessoal de desenvolvimento. Todos observavam o que estava se passando, e ninguém se aventurou a intervir no processo ou relatá-lo a Roberto. Ao se dar conta de que estava ocorrendo algo, Roberto temeu perder o prazo e teve a ideia de criar uma lista de gerenciamento e atualização das subtarefas, que mostrasse a todas as pessoas como melhorar o seu desempenho. Para criá-la, usou o método SMART. Veja como um gerenciamento de dados e consequente feedback que utiliza essa ferramenta pode ser aplicado para todos e ser acompanhado de perto pelo líder de forma rápida.

S (Específico objetivo desse feedback): Você está dando o seu melhor para adicionar um novo recurso ao nosso aplicativo?
M (Mensurável): Queremos deixá-lo pronto para ser implantado na App Store. Qual o seu papel para que isso aconteça? Como você tem avançado no dia a dia?
A (Atingível): As responsabilidades estão designadas às equipes de criação e de desenvolvimento de produtos. Essas equipes devem trocar informações sempre. Isso tem acontecido? Quem é o responsável pela troca de informações?

R (Realista): O produto atual deve ficar mais acessível e funcional para que os usuários possam utilizá-lo mais, e cada um de nós tem um importante papel para colaborar nesta missão. Todos têm claro para si o seu papel?
T (Oportuno): Temos 2 meses. Já estamos no dia 6 de trabalho, em que estágio estamos?

Ao verificar as listas preenchidas, Roberto logo viu que não havia troca de informações entre as equipes. Chamou a pessoa que teria esse papel e perguntou-lhe como poderia colaborar para melhorar sua comunicação com o time de desenvolvimento. Ele explicou a Roberto que tinha muita dificuldade para discorrer sobre seus processos criativos e dar diretrizes para o pessoal de desenvolvimento, por isso evitava falar, queria evitar estresse. Juntos chegaram à solução de que um assistente de arte, que entendia bem os processos e gostava de falar e ouvir novas ideias, poderia fazer o papel de mensageiro, e assim foi primeiramente tentado e depois efetivamente feito. Ah, o aplicativo foi entregue e já está disponível na App Store. Agora me diga: você, leitor, adotaria este método de gerenciamento para dar um feedback?

Método SBIR[3]

O método "Situation-Behavior-Impact-Result (SBIR)", algo como "Situação-Comportamento-Impacto-Resultado", também pode ajudar bastante na hora de dar feedback. Ele permite focar a conversa em torno do comportamento da pessoa, em vez de soar como um ataque a ela como indivíduo.

---

3. Ver mais detalhes em <www.linkedin.com/pulse/giving-feedback-try-sbir-framework-stacey-messier/> (em inglês).

Descreva a **S**ituação
Descreva o **C**omportamento
Explique o **I**mpacto
Explique o **R**esultado

Por exemplo: "Mário, no mês passado, durante as reuniões de equipe (situação), observei que você chegou atrasado três vezes (comportamento), coisa que você nunca fazia. Isso me fez sentir como se você desrespeitasse nosso tempo (impacto), o que me deixou aborrecido, assim como a muitos da equipe, além de fazer o desempenho do time cair (resultado)". Em outras palavras, você está criticando o comportamento dele, não a pessoa.

Liderança

Todos nós queremos nos desenvolver e ascender profissionalmente. Suponho que você saiba, a essa altura, que a comunicação é uma das chaves para liderar, motivar e ter seguidores. E, se você está lendo este livro para desenvolver sua comunicação, uma coisa está diretamente relacionada à outra, certo? Pois a seguir daremos algumas dicas preciosas de comunicação para líderes. Você já parou para analisar como se relaciona com seus pares, colegas e subordinados? Não existe líder sem seguidores; portanto, liderança é sobre relacionamento, e liderança efetiva está relacionada com motivar e desenvolver pessoas.

Ao gerenciar conflitos:

- Separe pessoas de posições e separe posições de interesses, ou seja, separe indivíduos dos cargos que ocupam e interesses pessoais de necessidades profissionais que o cargo acarreta.
- Evite inferências e deduções; melhor sempre esclarecer a questão diretamente com a pessoa, de

forma calma, antes de deduzir por conta própria o que houve e gerar mal-entendidos.
- Resolva disputas particulares no cara a cara, e não por e-mail.
- Pergunte-se: se as coisas não estão funcionando bem nesse ambiente, o que está ao nosso alcance fazer para modificá-las?

Ao tomar decisões e comunicá-las, evite falar usando somente o seu ponto de vista: lembre-se das lentes que todos nós temos sobre o mundo, sobre nós mesmos e sobre outras pessoas. Cuide para que elas beneficiem os funcionários e a empresa. Aja e converse com todos com reciprocidade, propondo inovação ao ouvir com atenção todos os envolvidos, combinar suas ideias e conciliar interesses pessoais ao coletivo.

Sugiro que, para monitorar seu próprio desempenho e ajustar a qualidade do seu feedback a todos, você, líder, revisite suas percepções anteriores e atualize sua análise sobre:

- *Sua relação com pares*: Que tipo de relacionamento tem com cada uma das pessoas com quem trabalha? Você exerce autoridade formal, autoridade informal ou autoridade distribuída? Você inspira e influencia a todos com seu exemplo de conduta?
- *Sua visão quanto à competência dos funcionários*: Quão competentes são as pessoas da sua equipe? Elas ocupam as posições corretas? Precisam de treinamento? Como você pode conversar com elas para que busquem desenvolvimento?
- *Seu comprometimento em relação aos funcionários e o deles em relação a você*: Quão comprometidas são as pessoas da sua equipe? Elas percebem o seu

comprometimento em relação a elas? Quão comprometidas elas estão com a empresa? Quão comprometidos estão todos vocês no que diz respeito ao objetivo específico do negócio?

Como líder, é fundamental que você faça uma autoavaliação a respeito da forma como se comunica com os demais e como eles se comunicam com você. Incentivo você a pensar sobre estas questões:

- Quanto poder real eu tenho sobre as decisões dos funcionários em determinada situação? Como eu comunico isso? Quanta influência positiva eu tenho sobre eles?
- Que habilidades/competências eu tenho que me ajudarão a me comunicar bem? Acesse os capítulos anteriores e reflita sobre isso.
- Da mesma forma, que habilidades/competências ainda preciso desenvolver ou aprimorar? Como posso fazer isso? Talvez por meio de um curso ou apoio de um mentor de comunicação?
- Estou treinando, ensinando, orientando e aconselhando continuamente a minha equipe? Quão presente estou na sua escuta e na troca de ideias no dia a dia?

Por fim, refletir sobre o trabalho em equipe é fundamental. Veja algumas dicas para lidar bem com seu time:

- Se os membros da equipe querem fazer o que é certo, ajude-os a ter sucesso! Treine, apoie e explique.
- Trabalhar juntos em todos os níveis é o melhor caminho; afinal, estão todos no mesmo time. Ajudem-se

mutuamente a alcançar seus objetivos, sempre com um sorriso!
- Demonstre sua competência profissional e seu conhecimento técnico sempre que necessário, mas sem arrogância.
- A atitude é contagiante! Faça tudo de forma positiva, evitando frases com "não" (veja o Capítulo 2).
- Distribua elogios justos publicamente, mas sempre de forma específica: em vez de "Vocês são todos ótimos", prefira "Vocês foram incríveis no desenvolvimento do projeto X; adorei o modo como resolveram a questão do cronograma" (Veja mais no quadro "Excesso de elogios no trabalho").
- Absorva críticas e concentre-se em soluções, não em problemas. Se algo deu errado na equipe, primeiro resolva o problema, antes de procurar o culpado.
- Lembre-se de que se comunicar como líder não é somente o que se fala, mas como se fala, ou seja, as ações importam tanto quanto as palavras.
- Tome a iniciativa de ser o modelo de ação que deseja que os outros sigam. Seja a diferença que quer implantar e a mostre.
- Tenha senso de humor e divirta-se com sua equipe, deixando o ambiente leve, sem as tensões que o excesso de autoritarismo pode trazer.
- Entenda o que motiva seus seguidores, remova os obstáculos e crie as condições certas para o sucesso da equipe.
- Concentre-se tanto no relacionamento com o grupo como um todo quanto no relacionamento um a um.

Excesso de elogios no trabalho

O elogio em si até que é bom e pode parecer certo. A gente é que talvez tenha de aprender a usá-lo de maneira adequada. Quando você metralha elogios a seus superiores ou subordinados no trabalho, querendo agradar, o resultado pode ser desastroso. Em pouco tempo, quem estava envaidecido com tanto reconhecimento pode ficar desconfortável e ansioso, perguntando-se: "O que fiz para merecer tanto? Será gozação, chacota?". A longo prazo, isso pode gerar desconfiança nessa pessoa superelogiada.

Vamos examinar esse ponto sob a perspectiva dos chefes. Chefes, como pais, depositam grande expectativa no desempenho dos colaboradores. Muitas vezes usam elogios para ensinar uma conduta específica. É o "elogio controlador", que funciona assim: "Bom trabalho! Gosto quando você apoia minhas ideias". Nesse caso, o chefe está dando um recado claro: faça tudo do meu jeito e será reconhecido. Ora, esse elogio vira ordem para o colaborador sedento de reconhecimento dos superiores. Será que essa é a melhor forma de desenvolver sua equipe? Ou seria melhor contar com um time que pensa por si próprio e chega a soluções criativas?

Além disso, nas empresas, os elogios quase sempre focam nos resultados; ou seja, na prática, o chefe gosta de números e talvez não se importe com a maneira pela qual a equipe os conseguiu. Mas, como diz a neurocientista Carol Dweck, "o elogio deve ser dirigido para o *processo*, não para o resultado. Sempre para as *ações*, nunca para as pessoas". Veja o caso em que o elogio deixa o funcionário sem qualquer pista: "Vocês do departamento

> pessoal mandaram bem". Sem saber a que especificamente o líder se refere, os funcionários ficam confusos, sem entender o que e como fazer para agradar.

Inteligência emocional

Como líder, você precisa não apenas desenvolver uma boa comunicação e bons relacionamentos com sua equipe; você precisa também da chamada "inteligência emocional", conceito que ficou mais conhecido com a pesquisa do renomado psicólogo Daniel Goleman. Segundo ele, para se tornar um profissional equilibrado e conviver melhor em sociedade, é essencial que você entenda e gerencie suas próprias emoções no dia a dia, pois estas importam muito mais do que o seu conhecimento técnico.

Goleman dividiu as principais características emocionais em quatro áreas diferentes:

1. a autoconsciência;
2. o autogerenciamento;
3. a consciência social;
4. a gestão de relacionamento.

A primeira delas, a *autoconsciência*, envolve conhecer os estados, preferências, recursos e intuições que temos internamente, notando quais são as emoções e seus efeitos; seus pontos fortes e limites.

Já o *autogerenciamento* se refere, como o próprio nome diz, ao gerenciamento dos estados, impulsos e recursos internos. Envolve, entre outras coisas, o autocontrole emocional, a transparência (ou seja, agir de forma congruente com seus valores) e a adaptabilidade.

A *consciência social* se refere a como as pessoas lidam com relacionamentos e com os sentimentos, necessidades e preocupações dos outros. Ela envolve questões como empatia, consciência organizacional e relações de poder de um grupo.

A quarta área, a *gestão de relacionamento*, diz respeito à habilidade de induzir respostas desejáveis em outros e aborda competências como desenvolver as pessoas, liderar de forma inspiradora e gerenciar conflitos.

Já pensou em como está a sua inteligência emocional no trabalho e como você a desenvolve?

Persuadindo no trabalho

Como vimos no capítulo anterior, a persuasão se dá sempre de maneira horizontal. Se me acho parecida com você, posso buscar persuadi-lo, porque tenho uma noção de poder parecida com a sua. Se tenho uma noção diminuída, posso nunca me expressar, porque sempre acho que você vai ganhar. Assim, foque na persuasão de seus colegas e da chefia imediata.

Uma vontade possível é passar por cima da chefia imediata e levar uma ideia direto para o chefão. "Ele vai ver que sou capaz", você pode pensar. Não adote esse comportamento! Querer persuadir a chefia geral dá a impressão de estar passando por cima dos outros. Suba sem abaixar os outros, senão vai ficar parecendo traição. Muitos desentendimentos têm origem nisso. Assim, em qualquer diálogo com a chefia acima da imediata, procure ser colaborativo, falar o que está sendo convidado a falar, sem sair do alinhamento com seu superior.

Ambientes pesados e competitivos

Algumas pessoas, quando conseguem subir na carreira, acabam se sentindo superiores, mandando nos outros e podando a expressão alheia. Podem crescer muito em um primeiro momento, mas vão angariar ódios. E há empresas que não fomentam o bom relacionamento, pelo contrário; elas incentivam que os funcionários não sejam colaborativos, e sim competitivos. Temos de ficar alertas quanto a isso. Lembre: a saúde emocional é muito importante. Os níveis de estresse nesses lugares correm soltos, portanto temos que tomar cuidado para não adoecer!

Pensar uma coisa e fazer outra é uma das maiores fontes geradoras de estresse. Uma pessoa pode estar feliz com seus resultados, mas fazendo processos que ela, no fundo, não aprova. Essa terá estresse. O preço que o processo errado cobra de nós mesmos, de nossa conduta, é alto! Chefes, façam para o outro o que vocês gostariam que fizessem para vocês. Manter espírito de colaboração é muito importante.

Para quem é chefe: informe-se sobre os atuais estilos de liderança. Os diálogos com a equipe podem incluir temas como confiança e pertencimento; autonomia e engajamento. As lideranças devem incentivar o indivíduo a aperfeiçoar suas qualidades e capacidades. Ninguém está em uma empresa para ouvir o patrão gritando sobre seus defeitos e o ridicularizando. Essa humilhação, essa consternação que se produz no indivíduo, não é encorajadora, é opressora. Em vez de reagir para fazer uma coisa melhor, o funcionário se deprime. Os bons exemplos de conduta são inspiradores, e o verdadeiro líder deve ensinar valores positivos. Lembre-se da escola de antigamente: os professores achavam que punições físicas produziam resultado, mas geravam medo. Queremos uma sociedade em que o medo da performance reine? Penso que tem que existir um movimento conjunto para que essas relações realmente busquem o progresso, para que procurem os melhores resultados juntos. O jeito como você trata o outro é como o outro vai se vendo. O funcionário assediado moralmente vai ouvindo sobre seus defeitos tão frequentemente que é natural começar a se sentir incapaz.

Como líder, pense: como posso fazer o meu melhor pelas pessoas que estão sob minha chefia? Como posso fazer meu time crescer? Dizer: "Eu falei para você que isso tinha que estar pronto agora!" é bem diferente de: "Preciso disso pronto em uma hora, pode ser?". Busque congruência entre a palavra e a ação e procure ser inspirador e encorajar as pessoas com quem convive a darem o melhor delas.

Infelizmente, muitos chefes acabam apostando na desunião e alimentando egos ou pequenos ciúmes aqui e ali para fomentar a competitividade e ver se uma pessoa alcança melhor desempenho que a outra. Esses não são os verdadeiros líderes. Aviso aos funcionários: fiquem espertos, um chefe como esse está pensando em proveito próprio. Aviso aos chefes: reflitam estrategicamente sobre o que vocês vão ganhar se esse jogo tiver sucesso. Pense "Meu time tem que ser o melhor dessa empresa", e não "Meu time tem de estar dividido e estressado"!

Assédio

Alguém deu em cima de você ou fez algum comentário inconveniente? Evite rir ou fingir que nada aconteceu. Espante o medo! Em vez disso, fale algo como: "Fiquei desconfortável com essa situação" ou "Estou me sentindo desconfortável". É fundamental respirar fundo,

> manter o autocontrole e se colocar de maneira assertiva. Se a pessoa continuar insistindo, aí, sim, é caso de pensar em comunicar à área de recursos humanos.

Como construir um bom currículo

Um currículo (ou CV, do latim *curriculum vitae*) é um documento que resume sua vida acadêmica e profissional. Ele comunica sobre você sem o outro o conhecer pessoalmente. Deve ser atraente, para despertar a curiosidade do recrutador em conhecê-lo melhor em uma entrevista pessoal, por telefone ou vídeo.

Investir tempo na elaboração de um currículo é, portanto, algo que dá retorno. Uma boa dica é: reflita sobre sua *carreira*, e não só sobre seu CV. Procure pensar em como transmitir, clara e honestamente, o que você absorveu e conquistou e o que causou impacto ao longo dos anos.

Sua trajetória pessoal e profissional deve transparecer no currículo. Por isso, inclua trabalhos universitários ou voluntários entre suas experiências. Mesmo que não tenham sido projetos remunerados, merecem destaque porque certamente ajudaram a aprimorar habilidades muito desejadas nas empresas hoje em dia, como trabalho em equipe ou visão estratégica.

Quanto ao formato do currículo, é tentador querer inovar. No entanto, a não ser que inovação seja sua área de trabalho, algo como design, artes, publicidade ou tecnologia (ou que seu empregador seja uma startup), melhor se ater ao básico: fundo branco, margens fixas e fonte na cor preta e tamanho legível, apropriado ao tamanho da página. Para facilitar a leitura, use um espaçamento consistente e experimente com itálicos, sublinhados e negritos para destaque. Conclua exportando o documento no formato PDF, para não perder a formatação.

Estrutura do currículo

A primeira parte do currículo deve conter seus *dados pessoais*, como nome completo, endereço, telefones e e-mail. Nesse ponto, cuidado com e-mails que têm denominações pouco profissionais. Recebi uma vez um <maluquinha23@hotmail.com> para o cargo de secretária. Chamei? Nem abri o e-mail. Preconceito? Talvez, mas preferi examinar o currículo de uma candidata com um e-mail que continha o nome e iniciais de sobrenome. Então, faça um e-mail com seu nome, iniciais ou palavras neutras, sem adjetivos, apelidos ou diminutivos. Será mais conveniente, acredite!

Idade, gênero, estado civil e foto são desnecessários, a não ser que você perceba que seja imprescindível para a vaga (por exemplo, foto para uma posição de modelo ou estado civil para uma vaga no exterior).

Logo após os dados pessoais, descreva seu *objetivo* em uma ou duas frases. Deve ser algo curto, simples, que descreva brevemente sua expertise. Essa frase inicial pode ser customizada de acordo com cada candidatura (posição/empresa) e deve aliar claramente sua experiência às necessidades da vaga. Por exemplo: "Eu me candidato à posição de diretor de arte nesta empresa porque tenho um forte espírito de liderança e alcancei grande experiência como assistente de arte em outras empresas".

Em seguida, é hora de preencher o campo que aborda a sua *experiência*. A ordem cronológica deve ser inversa, ou seja, da posição atual, ou mais recente, à mais antiga. Se estiver na mesma função há vários anos, invista em mais espaço para mostrar como cresceu por lá. Insira números e dados que quantifiquem seus resultados. É mais importante descrever suas conquistas do que suas responsabilidades. Considere, por exemplo:

- Como você fez a diferença?
- Que metas atingiu?
- Que projetos criou ou implementou?

A *formação* vem na sequência: informações educacionais e diplomas de universidades, escolas e outros cursos acadêmicos, como especializações, extensões, MBAs, intercâmbios e cursos de idiomas. Seja sucinto e inclua o nome da instituição, o curso, a cidade e o ano de conclusão e também siga do mais recente para o mais antigo. Não há necessidade de incluir informações sobre o ensino médio, a não ser que você esteja pleiteando uma vaga para estágio e ainda tenha pouca experiência profissional.

Encerre seu CV com uma lista de três *referências*, com nome, cargo, telefone e e-mail de cada uma.

Leia e releia o documento várias vezes. São inadmissíveis erros de gramática ou digitação. Evite omitir informações que você julga serem desfavoráveis, como tempo curto de permanência em empregos ou hiatos longos de desocupação. Faz parte da sua trajetória, e você saberá justificar no encontro pessoal.

Para os profissionais mais maduros, com maior experiência professional, o ideal é que o currículo tenha, no máximo, duas páginas. É um desafio: faça, refaça. Você consegue!

O CV e a internet

Seu currículo pode e deve estar 100% transcrito em uma rede profissional on-line, como o LinkedIn, onde é possível ir além das informações mais básicas, integrando grupos de discussão e pesquisas de empresas pelas quais você se interessa. É uma forma de se comunicar com o mercado!

Outro ponto para destacar é sua presença on-line em outras plataformas. Perfis em redes pessoais, como Facebook,

Twitter e Instagram, associados ao seu nome são parte frequente da triagem profissional; então é preciso estar atento às mensagens que suas postagens e interações transmitem. Isso significa que você pode se expressar livremente com bom senso, e é vital ter em mente "quem pode ver o quê" para tirar conclusões.

Como se preparar para entrevistas

Prepare-se para este momento. Em cerca de 30 minutos de *spotlight,* você irá expor suas qualificações, suas competências, seus conhecimentos, seus resultados. Veja algumas dicas do que fazer antes da entrevista e durante a conversa.

Antes da entrevista

- Peça para uma pessoa próxima ler seu currículo e contar qual impressão ela teve e por que contrataria você. Agora pense você também, por que a empresa deve contratá-lo? Isso o ajuda a escolher os pontos em que focar na entrevista.
- Estude a indústria, o setor, o mercado, os produtos e os clientes da empresa/instituição/organização. Dessa forma, você demonstra ao entrevistador que está envolvido com a empresa e interessado nela.
- Elabore previamente sua narrativa sobre sua vida profissional pregressa. Estude e ensaie suas falas. E isso vale também se a primeira entrevista acontecer com um *headhunter/executive searcher* ou com alguma consultoria de RH.
- Os três primeiros minutos são essenciais para formar a primeira impressão sobre você. Prepare-se para estar confiante nesta etapa inicial da conversa.

- Tente olhar pelo ponto de vista do entrevistador. O que você gostaria de ver e ouvir de um entrevistado para este cargo almejado se você estivesse no lugar dele?
- Pense também em como você pode se destacar perante o recrutador que faz várias entrevistas por dia e inúmeras por semana. O que na sua personalidade pode se tornar marcante? Como você pode se fazer ser lembrado?
- Vestimenta: pense no seu público e no tipo de emprego para o qual você está competindo e busque a roupa mais adequada para o ambiente (veja mais detalhes no quadro "Prepare sua roupa").
- Esteja preparado para a famosa e temida pergunta: "Onde/Como você quer estar daqui a dez anos?". Ela realmente pode aparecer na sua entrevista. Pense antecipadamente nos seus planos a partir da projeção de que você vai conseguir o emprego pleiteado. Delineie metas realistas e seja honesto quanto aos possíveis obstáculos que você pode antever, bem como ao modo de contorná-los. Agora pense bem: ninguém é obrigado a expor todos os defeitos, mas mencionar um pode ser útil para expor sua humanidade. Todos somos humanos e temos lá as nossas falhas. Ninguém se identifica com quem é perfeito e quer exibir a pretensa perfeição.
- Saiba também responder à pergunta: "Por que este cargo na empresa é o que mais lhe interessa?". Aqui você pode mostrar como suas qualidades se alinham à posição oferecida e como os objetivos da empresa se alinham a seus valores pessoais e profissionais.
- Tenha claros os seus pontos fracos e seus pontos fortes, pois essa pode ser uma pergunta do

recrutador. Além disso, saiba apontar quando seus pontos fracos são por falta de experiência e, portanto, podem ser ensinados e trabalhados, e quando não são. Isso vai fazer diferença.

- Em algumas culturas, o conhecimento técnico e as competências para o emprego contam mais pontos para garantir a vaga do que a simpatia do entrevistado. Outras empresas se importam mais com o fato de o entrevistador gostar mais de você do que dos outros candidatos. Portanto, procure saber qual a cultura da empresa e tente se adequar ao que eles esperam. Se gostar de você é o principal, faça networking antes da entrevista, seja simpático, cause uma ótima impressão e faça as pessoas quererem ter você lá para integrar o time. Se suas habilidades e competências forem o ponto principal para eles, treine para destacá-las durante a entrevista.

Com tudo isso na ponta da língua, você vai demonstrar que não só tem as competências técnicas para o emprego, como também está bastante interessado na empresa e no cargo ao qual está concorrendo.

Prepare sua roupa

O modo como você se veste para uma entrevista de emprego não deveria importar mais do que o conteúdo que está no seu currículo, mas sabemos bem que primeiras impressões contam e que o modo de se vestir pode determinar o sucesso ou o fracasso na busca pelo trabalho de seus sonhos! É claro que cada empresa ou área vai acabar definindo ou indicando o código de vestimenta. Se você vai fazer uma entrevista em uma startup, por exemplo, sabe que pode usar roupas mais casuais. E, se o trabalho for na área artística, é possível arriscar.

O primeiro passo para acertar é pesquisar sobre o perfil da empresa, buscando informações sobre sua cultura organizacional e verificando se ela possui um perfil criativo que permite o uso de roupas casuais ou se segue o padrão corporativo. Uma forma de conseguir essas informações é conversando com algum colaborador da empresa que possa lhe ajudar a entender o estilo das pessoas da organização, já que as companhias tendem a contratar quem eles acham que se encaixa no perfil do restante do time. Por via das dúvidas, é melhor ir mais arrumado do que casual. Escolha uma roupa que lhe passe segurança e fale um pouco sobre você, lembrando-se de que nosso modo de vestir é uma ferramenta de comunicação. Para o homem, vestir uma calça e uma camisa social funcionará bem, da mesma maneira que para uma mulher funcionará bem uma saia e blusa social, um vestido clássico de cor neutra ou também uma calça e camisa social. Se você tem uma profissão que exige maior formalidade, como a de advogado, usar terno e gravata com uma camisa clara é imprescindível para o homem, e saia, blusa clara e casaco para a mulher.

Independentemente do cargo que você esteja almejando, existem dicas que são básicas em qualquer situação, como evitar roupas muito decotadas, amassadas, com manchas ou furos e acessórios que estejam desgastados – preste atenção nos sapatos! Um fator essencial é que sua roupa não deve chamar mais atenção do que a mensagem que você quer transmitir – isso vale para quem faz palestras também! Nessas ocasiões, é melhor deixar extravagâncias de lado e prezar por peças mais clássicas, que tenham um corte impecável e que caiam bem no seu corpo.

A forma como você se veste também pode falar muito sobre o seu nível de profissionalismo e ambição. Evite, portanto, usar estampas chamativas, cores muito fortes ou acessórios exagerados. Isso vale também para gestos e modo de agir: seja direto e evite mexer-se demais ou ter comportamentos como passar a mão nos cabelos de modo exagerado e falar gesticulando excessivamente. Excessos em geral dão a ideia de inquietude, afetação e falsidade e podem disfarçar ou até encobrir suas melhores habilidades de comunicação.

Por fim, não adianta estar com a melhor roupa do mundo e se esquecer de pequenos detalhes que podem acabar com sua imagem, como usar muito perfume, estar com o cabelo bagunçado ou, no caso das mulheres, usar uma maquiagem muito carregada e deixar a lingerie aparente.

O astral e a confiança também fazem parte da sua "vestimenta" para a entrevista. Todos gostamos de nos sentir bem, arrumados e preparados para causar uma ótima impressão. Reflita esse sentimento no seu modo de andar, de falar e na determinação ao olhar e falar com a pessoa que está lhe entrevistando. Esse tipo de atitude faz toda a diferença!

No local da entrevista

- Seja pontual. Chegar dez minutos antes do horário agendado denota elegância e respeito. Aproxime-se da recepção da empresa com confiança. Perceba e sinta o clima organizacional até mesmo pela decoração, pelo vestuário e pelas pessoas que por ali circulam.
- Ao entrar na sala, cumprimente os presentes e agradeça a oportunidade de estar ali e de, inclusive, poder conhecer um pouco mais sobre a empresa/empregador.

Durante a entrevista

- Preste sempre atenção na sua linguagem corporal: um cumprimento caloroso, um aperto de mão firme (não tão forte nem tão fraco) para demonstrar energia e entusiasmo, um sorriso quando o entrevistador o cumprimentar e se despedir, tudo isso demonstra que você está aberto, feliz e agradecido pela oportunidade.
- Importante lembrar que as saudações iniciais e o agradecimento pelo tempo que o entrevistador está dedicando a você são excelentes para se conectar e cumprem um importante papel social.
- Demonstre e, se tiver oportunidade, fale verbalmente que, se você for convocado para o emprego, você o aceitará.
- Se estiver nervoso, respire devagar e literalmente finja estar relaxado, tentando ser o mais natural e otimista possível. Os primeiros minutos são quando você mais vai precisar trabalhar essa naturalidade; aos poucos, durante a conversa, vocês entrarão em uma zona maior de conforto.

- Encare como se você estivesse em uma conversa, e não em uma entrevista. E realmente aproveite o momento, aprecie a troca de ideias e conecte-se!
- Faça perguntas ao entrevistador, se ele der a oportunidade, e mostre-se genuinamente interessado.
- Nas situações em que a pergunta demandar vulnerabilidade, demonstre-a. Nas situações em que precisar falar sobre o que você realizou bem e teve sucesso, mostre confiança!
- Responda às perguntas sem floreios e seja objetivo. Caso não entenda a pergunta, peça para repetir. Evite os "hã?", "hummm?", "quê?".

Ao longo da entrevista, o recrutador fará perguntas específicas sobre sua experiência e muitas vezes pedirá que você conte momentos de sucesso ou até de fracasso. Um modelo muito interessante para contar uma história e narrar suas conquistas é o chamado STAR:

- Conte a **S**ituação.
- Explique a **T**arefa e foque no problema que você tinha que resolver e como o enfrentou; diga o que ou quem foi mais difícil para você enfrentar.
- Revele a **A**ção: como você se decidiu por essa ação e o que fez exatamente?
- Relate qual foi a **R**esolução para o caso.

A maneira como você conta uma história afeta a sua percepção e a do outro ao ouvi-la. Torne suas histórias o mais convincente e memorável possíveis: você também vai se sentir entusiasmado com isso!

Um exercício: seu entrevistador perguntou qual foi a situação mais difícil pela qual você passou no seu trabalho anterior. Tente responder de acordo com o modelo STAR incluindo estas perguntas na construção da sua resposta:

- Houve algum momento em que você achou que não conseguiria?
- Quais contratempos tiveram?
- O que você sentiu nesse momento?
- Quem estava nessa história? Conte um pouco sobre ele(s), tente descrevê-lo(s) ou colocar alguma informação que nos dê uma imagem dessa(s) pessoa(s).

Filhos e carreira

Hoje em dia, as grandes empresas costumam ser mais sensíveis ao fato de que mães e pais ocasionalmente terão compromissos relacionados aos filhos. De qualquer modo, é muito importante já deixar claras suas necessidades nas primeiras entrevistas. Caso surja o assunto "filhos", vale dizer, por exemplo: "Tenho três filhos, meu companheiro/minha companheira me auxiliam, mas em algumas ocasiões terei de sair". Afirme com tranquilidade que compensará essas horas. No dia a dia, já como funcionário, diga coisas como "Preciso sair mais cedo, mas terminarei esta tarefa no esquema de *home office*, amanhã às nove estará no seu e-mail".
As empresas reconhecem o comprometimento.
O que não podemos induzir no outro? A expectativa de fracasso, pois, junto com isso, vem o medo. Sempre transmita confiança!

Durante a entrevista, pode ser também que o recrutador peça para você comentar seu currículo. Pense que seu currículo é como o trailer de suas histórias acadêmicas e de trabalho. Portanto, como você se apresenta? Qual parte do seu currículo seria mais interessante para o entrevistador? Como ele tem o seu currículo, você não vai falar as mesmas coisas que estão lá, certo? Nesse tempo de entrevista, mostre ao entrevistador por que ele deve investir seu tempo precioso em ouvir você. Por exemplo, aborde quais são as habilidades que ensinaria aos que já estão na empresa e mostre por que você é o candidato certo para ocupar a vaga.

Algumas dicas para ajudá-lo nessa situação:

- Escolha três pontos principais do seu currículo para serem o "esqueleto/estrutura" que vai suportar a sua narrativa no que se refere à vaga. Por exemplo, experiência internacional; se liderou algum projeto; se já lidou com muitos clientes; quantos anos de experiência tem nesta especialidade; se passou por muitos departamentos na antiga empresa e ganhou um conhecimento vasto sobre todo processo; bons contatos com outros profissionais da área; e por aí vai.
- Recheie com elementos que vão apoiar sua estrutura da narrativa, ou seja, cada ponto principal deve ser sustentado por elementos como: suas conquistas na área, alguma habilidade ou *expertise* que você desenvolveu; área de maior estudo e interesse; prêmios recebidos; qual a principal alavanca de sua carreira; projetos realizados ou liderados etc.
- Tente usar uma ordem cronológica para situar quem está escutando.
- O tempo ideal para falar sobre o currículo é em torno de três minutos. Observe o entrevistador. Seja flexível para perceber quando o assunto parou de

se tornar relevante e deve trocar de tema ou ainda desenvolvê-lo mais se vierem perguntas a respeito do que você falou.

- Não é necessário passar por todos os detalhes do currículo nem mencionar todos os empregos que já teve.
- Finalize de forma firme e forte. Por exemplo: "... e então eu quero usar estas habilidades _____ para trabalhar aqui".

Pratique! Treine! Ensaie! Faça-o a ponto de você ficar confortável com suas próprias respostas e sua narrativa. Evite memorizar tintim por tintim para não ficar plastificado e parecer artificial.

Capítulo 5
Comunicação e relações amorosas

Quando a comunicação dos casais é fácil? Logo no começo, quando existe aquela atração, certo? Tudo no outro é bacana e parece que o universo fica restrito àquela pessoa – quando ela vai me encontrar, quando vou ficar com ela, enfim. No início, não faltam assuntos, e ninguém aponta defeitos no outro, só qualidades. Mas, conforme a intimidade vai aumentando, e você passa a ver a pessoa com mais frequência em diferentes horas e contextos, vai existindo algo que se assemelha muito a um julgamento.

Tive uma amiga casada há mais de trinta anos cuja dinâmica na relação era assim: ele fazia alguma coisa, ela pontuava: "Não, Fulano, isso está errado"; "Como você faz isso? Olha seus filhos"; "Se você fizer assim, vai ficar sem amigos". Ela se colocava num papel de juíza, julgando o tempo todo o que ele fazia e, principalmente, apontando os erros dele. É um casal que provavelmente se uniu quando os dois estavam muito apaixonados e, com o tempo, foi descuidando do modo de falar um com o outro. No começo, o elo foi a paixão. Mas você passa uma parte da vida nesse estado, certo? Com a intimidade, é isso que costuma acontecer: a boa comunicação vai ficando de lado. Veremos mais sobre isso ao longo do capítulo, abordando algumas dificuldades de comunicação entre casais.

Você está se anulando?

Muitas vezes, quando uma das pessoas do casal fala que está se anulando na relação é porque está deixando de falar o que realmente deseja. E, muitas vezes, começou a agir dessa forma lá no início, quando os dois se conheceram. É frequente vermos pessoas que, ao gostarem de alguém, em vez de mostrarem seu mundo ao outro, entram com tudo no mundo dele. Ah, ele gosta de basquete? Então agora gosto de basquete também e vou me informar a respeito de tudo sobre o tema. Ou seja, em vez de acrescentar algo ao mundo do outro, expondo sua vivência, mostra mais o mundo dele para ele mesmo. É como se a seta da relação estivesse somente voltada para um dos lados.

Com o tempo, o parceiro passa a achar a relação desinteressante: afinal, o mundo dele ele já conhece. E o outro se sente anulado, sendo que nunca se manifestou e falava "Oba, vamos mais uma vez ver basquete, claro", em vez de "Vamos ver basquete hoje e ir ao cinema amanhã?". O tempo passa, e essa pessoa que adotou o estilo de vida do outro vai restringindo seus interesses, parando de ver os amigos, cuidando de sua vida apenas quando não tem a companhia do parceiro e vai se esvaziando de conteúdos diferentes em prol da relação (a pessoa acha que, fazendo isso, colabora positivamente para a relação, que engano!). Chega uma hora em que essa conta vem para o relacionamento com juros.

Quem age dessa forma está deixando de exercer um papel complementar para exercer um papel redundante: deixa de aparecer como uma pessoa diferente que é para ser uma réplica da vida do outro. Por trás desse comportamento está muita preocupação em agradar, em vez de se expressar. E, no fundo, está o medo de ficar sozinho.

Falar o que a gente não gosta faz parte da assertividade, mas, melhor ainda, lembre-se de falar do que gosta e deixar claro o que quer. Habitue-se a falar: "Eu adoraria que nós dois fôssemos ao cinema hoje". É muito melhor que ficar na chave da reclamação: "Ai, estou cansado, todo dia chego em casa e não tem nada para fazer".

Atente para este perigo: ir cedendo, cedendo, até que uma hora o balde transborda e você não aguenta mais. Isso significa que vai chegar uma hora em que você corre o risco de ficar ressentido e acabar sendo movido pela agressividade: vai guardando, guardando, querendo atender às expectativas do outro, até que cai em si, vê que a vida está passando e é seu companheiro quem fica trazendo todas as novidades. Vocês estão há tempos vivendo de acordo com uma só lógica, e aí você fica com raiva do outro e de si mesmo. Precisa?

Seja você!

Todos nós, seres humanos, padecemos de um mal: necessitar constantemente de apreciação e aprovação alheia. Você vive esperando que o outro goste de você. Talvez as mulheres sejam ainda mais educadas para isso, para agradar. Isso está mudando, mas ainda há muita dificuldade para os homens entenderem que, ao lado de uma grande mulher, sempre há um grande homem ou um bom homem.

Perceba que eu disse "ao lado", não atrás! É como no filme *O estagiário*. Mulher e marido se sentaram para conversar sobre o cuidado com o filho e decidiram que, por um tempo, ele abdicaria da carreira para que a dela, que estava decolando, prosperasse de vez. Quando ele não aguenta o tranco, ela o compreende, e os dois fazem um novo acordo. Isso é agir como um casal: um ao lado do outro, sempre trocando ideias.

Síndrome da perfeição

O amor não é uma emoção perfeita e não almeja a perfeição. Ninguém busca um companheiro pensando: eu quero que seja perfeito. Lembre-se de que a atração é um fenômeno muito único. É muito comum as pessoas quererem se apresentar como perfeitas. Um conselho: apresente-se como imperfeito. As pessoas só gostam de alguém com quem possam se identificar, e ninguém se identifica com alguém perfeito. Cada um de nós tem suas falhas. No primeiro encontro, conte de cara um ou dois defeitinhos. Isso vai fazer o outro relaxar e quebra o gelo.

Qual é o seu objetivo na relação? Comunique-o!

Sempre existe um jeito adequado de falar. Depende do seu objetivo. Por isso, é importante dedicar energia para saber o que se quer. O que você busca na relação? É se manter unido àquela pessoa? Então, seu pensamento precisa ser conciliatório e, algumas vezes, concessivo e colaborativo. Se tem clareza quanto a seus objetivos e expectativas, vai poder usar o melhor diálogo possível. "Eu quero ter uma relação passageira", "Eu quero uma relação aberta" e por aí vai. Não há regras, apenas a particularidade do que se é e do que se busca. Você pode falar, por exemplo: "Olha, gosto muito de você. Você será um pai/mãe perfeito(a) para meus filhos". Quando faz isso, você está falando para a pessoa sobre suas expectativas. Alguns pensarão: "Que bom, ela(e) me quer como pai/mãe". Outros pensarão: "Mas, poxa, a pessoa me quer só para isso?".

É importante transmitirmos com clareza o que sentimos na hora certa. Será que falar de filhos logo de cara, quando o parceiro nem tocou no assunto de ficarem juntos, é uma boa? Substitua essa fala por expressões que constatem as qualidades de quem você admira e ama, como: "Adoro esse seu jeito tão amoroso de me tratar! Faz com que eu me sinta importante para você, e essa sensação é tão gostosa!". Expresse seus sentimentos e como aprecia sentir-se desse modo. Isso servirá de bússola para a direção do compartilhamento verbal entre vocês. E isso é válido para todas as formas de relacionamento.

Polidez e tempo

O diálogo entre um casal deve ser polido e amoroso: ninguém está julgando, ninguém está punindo, ninguém está difamando, ambos estão cuidando da relação. No entanto, conforme os anos de convivência aumentam, o que a extrema intimidade faz? Faz com que você perca a polidez. Nessa hora, perde-se o cuidado com o outro. É importante ser polido e educado; só tome cuidado com o excesso de polidez, que deixa todos os assuntos na superfície, e um acaba não conhecendo o outro realmente.

Busque achar pontos para elogiar, perguntar o que aconteceu de interessante no dia do parceiro ou da parceira. Algumas pessoas acabam deixando de fazer isso. Se quero ter uma convivência com você mais frequente, tenho que achar uma qualidade em você e falar dessa qualidade. Se quero conviver com uma pessoa durante X anos, tenho de conciliar meu interesse com a existência daquela pessoa. E isso fará bem a todos, trazendo um clima de conciliação e cumplicidade frequente para o casal.

Uma palavrinha chamada "nós"

Lembre: as pessoas se unem por motivos diferentes. Em todos esses motivos, o pensamento conciliador é importante? Sim, se você quiser manter a união com harmonia e estabilidade. Isso porque, quando estou junto de alguém, deixo de ser totalmente eu mesmo: sou eu mais a outra pessoa. Um casal é sempre um "nós".

Quando existe união, é claro que você pode preservar sua individualidade dentro daquele casal, mas há um "nós". Que tal usar mais essa palavra? Se, vamos supor, você quer ir ao cinema e seu companheiro ou sua companheira não quer e diz "Não, não estou a fim de ir ao cinema", você pode responder: "Então o que *nós* vamos fazer?".

A outra pessoa tem todo o direito de não querer ir. Cabe a você pelo menos duas opções: ou falar "Tudo bem, então o que nós vamos fazer? Vamos escolher outro programa?", ou então: "Tá bom, eu vou ao cinema e você fica e faz o que quiser".

Tenho visto cada vez mais casais adotando esse segundo formato, em que cada um prioriza seus interesses pessoais na hora do lazer, seus hobbies, sua turma de amigos. Cuidado. Se isso for uma coisa acordada entre os dois, OK. Mas o que ocorre muitas vezes é uma rispidez crescente, um desinteresse pelo mundo do outro e um afastamento.

Se para você está realmente tudo bem a pessoa ficar em casa e você ir ao cinema com os amigos no sábado, ótimo! Afinal, não é porque há um "nós" que o casal vai fazer tudo grudado. Mas, se você se ressente e está saindo para se vingar do outro porque, na verdade, não deseja sair, e sim ficar com ele... sinal vermelho. Agir assim não é sinal de assertividade, e sim de retaliação.

Perceba se há na sua atitude hostilidade ou vontade genuína de ter um espaço e dar espaço ao outro. O que acontece muito, tanto com homens como mulheres, é uma vontade genuína de ter espaço, mas não de dar espaço. O subtexto é: "Eu preciso do meu espaço, meu tempo e minha liberdade, mas me incomodo que você tenha o seu, fico inseguro, com ciúme".

Lembre-se de focar na via da colaboração, e não da competitividade. O pensamento deve ser conciliatório: "Olha, a gente pode aproveitar esse horário para que eu veja meus amigos, e você se encontra com os seus". O subtexto deve ser: "Vamos fazer o que é bom pra todos".

Há um espaço sagrado para os casais, que é o espaço do "nós". Quando a comunicação entre os dois não está clara e ninguém se importa mais com o "nós", melhor cada um seguir seu caminho.

Você pode dispensar isso!
- fazer julgamentos;
- ofender o parceiro;
- fechar a cara para punir o outro por um comportamento que desagradou você;
- chamar constantemente a atenção para os defeitos do parceiro;
- fazer perguntas em tom de sarcasmo ou zombaria, tentando diminuir o outro;
- ameaçar o outro para obter o que deseja e tentar despertar nele o medo de perder você.

Nada disso faz parte de uma comunicação madura – nem amorosa.

Aprenda a se expressar!

Em todo relacionamento amoroso, como já vimos, você sempre deve expressar como se sente. Em vez de "Não acredito que você fez isso!", prefira frases focadas em suas próprias sensações, utilizando o "eu". Por exemplo: "Eu me sinto triste por nossa relação estar desse jeito", "Acho que poderíamos tentar isso, o que você acha que podemos fazer para não voltarmos a discutir por isso?".

Não tenha medo de falar sobre suas inseguranças, mesmo no início da relação. Tudo é uma questão de jeito de falar, e você está focado em se comunicar com assertividade e generosidade, não é?

Começou a sair com alguém bacana e sentiu insegurança porque, por exemplo, o outro demorou a responder uma mensagem? Não caia em joguinhos do tipo "Agora vou demorar a responder à mensagem dele". Muito mais autêntico expressar franqueza: "Olha, sou uma pessoa meio cismada, fiquei inseguro porque você não respondeu à minha mensagem". Mostre sua vulnerabilidade de modo sereno, sem atacar ou esconder. Se o outro não aceitar ou, ainda, usar sua sinceridade para fazer você sofrer, pense: quero mesmo estar com essa pessoa?

As pessoas se preocupam muito com o tipo de roupa que vão vestir, que impressão vão causar, mas investem pouco em preparar o diálogo antes de ir para o primeiro encontro.

Por fim, um lembrete: muitos tendem a pensar que podemos falar livremente e de qualquer jeito com as pessoas que mais amamos. Alto lá! Isso é uma cilada. Quem você ama merece ser tratado ainda com mais com cuidado e carinho, como veremos a seguir. Logo, ouça, sinta, planeje e fale.

Carinho e respeito

Todo mundo gosta de ser elogiado, reconhecido, admirado. E a admiração anda muito junto com o respeito. Quando acaba o respeito, onde está o amor? Aí começam os problemas. A comunicação se torna acusativa: "Você nunca sai comigo, então quer saber? Vou sair", e por aí vai. Começa a existir, em vez de uma conciliação, uma competição. Os problemas começam quando a pessoa passa a se sentir muito sobrecarregada, sem encontrar ressonância no outro.

As relações amorosas existem por quê? Somos pessoas que sentem necessidade de estar com os outros. Para estar com o outro, você precisa entender que há um espaço que se chama "nós", como já vimos. E esse espaço é mais do que dois "eu": é a formação de um conjunto interseccional que será cultivado por ambos. Assim, tem de existir uma linguagem amorosa, em que um sabe que vai agradar o outro e, quando o outro se sente agradado, feliz, a alegria dele também deixa você feliz.

Querer ter sempre razão atrapalha muito! Ninguém é perfeito, certo? Existe coisa mais chata do que aquela pessoa que fica repetindo: "Tá vendo, olha o que você fez!". Ela pode até ter razão, mas precisa querer colocar o outro o tempo todo nos moldes dela? Então ela é feliz sozinha?

Mais uma vez: há que se entender que existe esse espaço chamado "nós". Meu companheiro é assim, gosta de algumas coisas, não gosta de outras. Para onde vou olhar? Para seus defeitos ou qualidades? Vou mencionar tudo que me desagrada ou vou focar no que me agrada?

Para cada atitude de que você não gosta em seu companheiro ou companheira, procure pensar em três coisas de que você gosta. Você vai ver como seu foco vai mudar. Ao conversar sobre um problema, esteja sereno, dê sugestões que sejam boas para ambos. Pense no que você busca naquela relação. Preservar a harmonia e seguir com aquela pessoa é importante para você? Ou você chegou à conclusão de que não quer continuar naquela relação? Decida o que quer. Se é estar naquela relação, use a comunicação a favor da harmonia.

Se todo mundo fosse competitivo, só existiriam generais na terra. Se todo mundo fosse concessivo, só haveria soldados. O mundo é uma soma de personalidades distintas e verdejantes em relação à maturidade dos relacionamentos.

Pratique!

Um ponto muito importante aqui é: entenda que você também é parte do problema e que nem sempre tudo é culpa do outro. Ao se colocar no lugar do seu par, o resultado da conversa pode ser bem diferente. Veja a seguir um exemplo de percepções diferentes entre o casal e tente estruturar dessa maneira algum conflito que talvez esteja acontecendo entre você e seu parceiro ou parceira.

	Seu ponto de vista	A percepção do outro sobre o seu ponto de vista
O problema	Ele(a) é grosseiro(a) e impaciente quando está em família. Me irrito e por isso me torno frio(a) para ver se ele(a) nota.	Preciso ser mais controlador(a) em relação às decisões da casa para que a família esteja sempre bem.

Os sentimentos	Por trás da minha raiva me sinto impotente por não conseguir expressar minha insatisfação.	Me sinto inseguro(a) e abandonado(a). Ele(a) não se interessa mais por mim.

Agora apresento algumas questões que ajudarão você a se preparar para ver o ponto de vista do outro e trazer o assunto de forma a resolver o impasse:

1. Qual é a questão que, no fundo, estou tentando resolver?
2. Qual é o ponto de vista de meu parceiro(a)?
3. Quais suposições cada um de nós pode estar fazendo acerca da situação e acerca um do outro?
4. Quais os interesses de cada um com isso?
5. Que sentimentos essa situação gera em cada um de nós?
6. Quais mal-entendidos aconteceram por causa disso?
7. O que eu quero resolver e onde quero chegar com essa conversa?
8. Como posso resolver esse impasse?

CAPÍTULO 6
Falando com a família

Quando falo em família, sempre me lembro de um filme italiano que meu pai adorava, chamado *Parente é serpente*. Na história, alguns parentes, depois de algum tempo sem se ver, encontram-se na casa dos pais já idosos para a comemoração do Natal. Na comunicação, eles mesclam competição entre filhos, primos, sobrinhos; um irmão fala uma coisa para um e o outro vem tirar satisfação... Tão comum tudo isso, não é mesmo? Em reuniões familiares, costuma haver muita crítica e excesso de julgamento. "Por que você fez aquilo?", "Nossa, aquela foto que você postou é ridícula". É como no trabalho: às vezes, a coisa é muito importante para você, mas não necessariamente para os outros.

 O que acontece é que, nas relações familiares, a autoconsciência e o autocontrole estão muito reduzidos, porque o indivíduo larga todos os freios de comportamento. O excesso de familiaridade e de intimidade levam as pessoas a não tomarem conta do próprio desempenho, principalmente na comunicação. Da convivência, da falta de conciliação, nascem as vinganças. E em nenhum lugar a vingança é tão clara como na família.

 Há famílias mais críticas que outras e, quanto mais numerosa a família, mais complicada tende a ser a interação.

FALEI SEM PENSAR

É por isso que precisamos cuidar da comunicação, porque não raro fica uma dinâmica truncada, com as pessoas falando o que gostariam de falar e ouvindo o que nunca gostariam de ouvir. Antes da reunião familiar, tenha em mente que a comunicação deve ser cuidadosa. Deve ser generosa também. Lembre-se de elogiar seus parentes verdadeiramente. Valorize atitudes: "Nossa, você fez isso, que legal". Agradeça. E cuidado com as críticas! As críticas dentro de uma família podem destruir laços. Mesmo uma pequena crítica pode cair mal e se transformar em uma bola de neve.

Quando meu pai estava em estado terminal, acamado em casa, passava a maior parte do dia dormindo. Certa vez, ao abrir os olhos diante de mim e do meu irmão, a primeira coisa que ele disse foi: "Nossa, Eduardo, como você engordou!". Meu irmão, talvez em possível negação do estado do pai, ficou chateado e na defensiva, e logo os dois estavam discutindo. Intervi, falando para o meu pai que ele tinha toda razão – Eduardo estava gordo. Eu queria ajudar a criar uma atmosfera conciliatória ali no quarto: meu pai estava muito doente, qual o interesse em uma discussão naquele momento?

A pessoa que se expressa com maior assertividade é aquela que tem certeza do que está dizendo e que vai conciliar interesses com o que está mais fraco na situação. Meu pai era o mais fraco naquele momento, e meu irmão não deveria estar brigando. Isso só para contar um exemplo de como essas dinâmicas familiares podem ser desafiadoras... Vamos repensar a maneira como nos comunicamos nesse contexto?

Competitividade

Existe um jogo real de competitividade entre irmãos e primos. Sempre há aqueles que querem sobressair em termos de autoridade e aqueles mais cordatos. Nós, como humanos que somos, tendemos a criticar e a apontar os erros alheios, deixando de mencionar acertos e elogiar boas ações. Evite falar num encontro com a família tudo de condenável que estiver pensando no momento. Contenha-se. E tome cuidado quando for discordar, pois em cada diálogo há a curiosidade e a certeza de um novo aprendizado.

Antes de discordar, ouça com atenção tudo o que o outro tem a dizer, aceite as ideias e escolha dois pontos positivos para repetir e concordar. Em seguida, use a expressão "ao mesmo tempo, acredito que tenho um pensamento a mais" – e o exponha. Então pergunte a opinião sobre o seu pensamento. Há a necessidade de usar a palavra "discordo" para iniciar, assim, um desafio? Talvez essa não precise ser a sua primeira palavra, mas pode ser uma das últimas e acompanhada por um sorriso acolhedor. As trocas de ideias e os debates devem sempre começar com um sorriso acolhedor e acabar com um sorriso amigável, pois se trata de uma troca de diferentes perspectivas que as pessoas têm sobre fatos da vida.

Em encontros de família, sempre tem um que é juiz, e todo mundo acha que ele tem razão. Há pessoas dentro da família que sempre tomam o lado do mais forte, mesmo que o pensamento deste esteja colaborativamente equivocado. Há aquele que engana todos, fazendo passar-se por esperto, o que tira o dinheiro do outro. Há os que se sobrecarregam quando os pais vão envelhecendo. Cada um na família tem sua disponibilidade, sua utilidade e seus pontos fortes. Pense sempre no que é melhor para todos.

Muitas vezes há também uma competição entre pais/mães e filhos, nem que seja velada. Reconhecer essa competição é saudável. Afinal, todos admiramos e queremos adquirir as boas qualidades dos filhos ao mesmo tempo que criticamos e queremos eliminar pequenos defeitos neles, que quase sempre são o espelho dos nossos. Situação similar se passa com os filhos – esses estados mentais são recíprocos. Como mãe ou pai, incentive a autonomia, a flexibilidade dos filhos. Evite julgamentos padrão. (Veja mais detalhes sobre comunicação com os filhos nas próximas páginas.)

O senso de julgamento e de crítica dentro de uma família é alto, porque cada um acha que sua verdade é única. Mas lembre que é necessário pensar antes de abrir a boca. Reflita enquanto mantém um gole de água na boca: vou falar isso ou continuo com os dentes e lábios fechados? É para o bem da pessoa e da família?

Além disso, mostre pelo exemplo. Na família, seu exemplo fala muito mais alto do que a sua voz. Portanto, não grite! Se você fala gritando, isso não vai ajudar a convencer ninguém. Seus exemplos, verbais e não verbais, falam por você. É aquela história: "Não levante a voz, melhore seus argumentos!".

Trazendo à tona lembranças negativas

Os erros de comunicação não acontecem apenas com quem a gente conhece pouco, muito pelo contrário. As falhas de comunicação ocorrem também nas trocas mais íntimas. Por exemplo, se alguém fala alguma coisa negativa, como uma crítica ao seu modo de agir no passado, como você reage? De cara, mesmo que você tenha razões para se sentir ofendido, reagir de modo agressivo ou sarcástico não é a melhor estratégia.

Tenha em mente: ninguém gosta de ser eternamente lembrado pelos próprios erros. Ninguém gosta de errar, e talvez a gente mais erre do que acerte na vida. Então, que benefícios podem trazer as conversas familiares em que as pessoas ficam voltando a assuntos e experiências ruins do passado? Nenhum. Só rupturas. Ao retrucar, negando tudo o que o interlocutor disse, e reduzir a conversa a seus aspectos negativos, você desconsidera todos os outros, inclusive positivos, que também podem estar em jogo. E pior: mais tarde, quando as pessoas se lembrarem desse momento, apenas recordarão o quanto foi desconfortável e negativo. Por exemplo, ao ouvir: "Quando éramos pequenos e nos reuníamos na casa da vovó, você sempre roubava meus pães de queijo, o que me fazia sentir muita raiva de você", em vez de você negar e dizer "Não comia nada, você é que me batia muito, por isso eu roubava seus pães de queijo", sugiro que saia na elegância e diga: "Quantas atitudes infantis nós tivemos de mudar para aprender a conversar e conviver! Se isso aconteceu da maneira como você se lembra, eu imagino como você deve ter se sentido". Pronto! No curto prazo, o mau hábito de fazer críticas negativas ou pejorativas pode até manter a atenção de algumas pessoas, sobretudo se quem for o crítico tiver uma posição de autoridade, mas com o tempo a tendência é que os outros acabem evitando ouvi-lo.

Falando com crianças e adolescentes

Uma criança que está completamente ciente do amor dos pais vai se sentir segura pelo mundo afora. É uma criança que vai conseguir se desprender da mãe e do pai de maneira mais fácil, que vai se arriscar mais, vai tentar mais desafios, porque sabe intrinsecamente que tem o apoio da família. Por isso, é importante comunicar a ela esse amor e essa parceria, bem como saber lidar com conflitos. Veja a seguir algumas dicas.

Primeiramente, você já sabe bem, cuidado com a palavra "não". Quando você diz a seu filho "Não pule no sofá", está sugerindo a ele que pule no sofá. É aquela história: "Não pense em uma girafa dourada!". E você pensa. Assim, seja afirmativo. Dê uma opção: "Venha aqui e pule no chão ou lá fora".

A comunicação com uma criança deve ser afirmativa e direta. Use frases curtas, porque a memória da criança abarca de cinco a seis palavras de cada vez. Nem sempre é preciso entrar em detalhes, porque nem sempre a criança é capaz de entender tudo. Mostre empatia, pergunte como ela se sente e fale que compreende o que ela vivencia. O mais importante é reunir as palavras, o olhar, os gestos, as pausas, o ambiente acolhedor. Quanto menor a criança, mais importante serão os elementos não verbais – os gestos suaves das mãos e dos braços, a expressão da face entre sorridente e complacente, a qualidade suave da voz, a velocidade mais lenta da fala, a proximidade física –, até que chega um momento em que a compreensão verbal progrediu tanto que se equilibra à não verbal. Nesse momento, a criança passa a dar importância a ambos.

"Todo mundo da minha classe está comendo doce, e eu não". Tente: "Ah, é porque eles nunca experimentaram essa balinha aqui, vou comprar um saco para você levar para todos os amiguinhos, que tal?". Em vez de demonizar o açúcar e educar pelo medo, mostre a vantagem de não ter açúcar: "Chupando esta bala você terá dentes bonitos". O importante é a persuasão pelo benefício, sem introduzir o medo.

Conversar com os adolescentes tem segredo? Sim! Ouvir mais e falar menos. E, quando for falar, mesmo que aborrecido ou irritado, mantenha o mesmo volume e entonação da voz. Lembre-se de que o pensamento deles é rápido, assim como a sua fala. Quando precisar resolver alguma questão com eles, tente começar assim: "Meu filho, quero ouvi-lo e falar com você sobre tal coisa". Ou seja, já esclareça qual é o assunto. Deixe-o começar. Pais e mães adoram ter o microfone na mão. Fale pouco e objetivamente; eles não conseguem guardar tanto na memória.

Os adolescentes sempre acham que estão com a razão e adoram os amigos. Geralmente, acham que o grupo representa sempre a verdade e os pais, a mentira. É normal que o grupo exerça força nessa fase e que ele fale o que o grupo fale. Nesse momento, é bom não discordar. Coloque seu ponto de vista, ouça, diga: "Ah, entendi. Ao mesmo tempo, tem essas outras possibilidades". A vontade individual só começa a ressurgir de forma mais clara depois da adolescência; nessa fase, o efeito é de grupo. Não inferiorize o grupo, evite apontar defeitos nos melhores amigos. Priorize as qualidades do adolescente, ofereça opções, e, principalmente, *ouça*!

O problema da empatia entre os jovens

A cultura do egocentrismo – representada pelas *selfies* que tão bem conhecemos – anda causando danos irreparáveis para os jovens, como o aumento do narcisismo. Narcisistas interessam-se apenas em obter o que podem para eles mesmos. Essa crescente autoadmiração não seria tão preocupante se o foco no bem-estar do outro – a chamada empatia – aumentasse ao mesmo tempo, mas isso não está acontecendo. Segundo pesquisas americanas recentes (mais especificamente de 2014), os adolescentes agora são 40% menos empáticos do que há três décadas, e no mesmo período o narcisismo aumentou 58%, de acordo com a psicóloga americana Michele Borba, autora do livro *Unselfie*.

Quando a empatia diminui, a agressão e o bullying aumentam. Um estudo americano citado por Borba mostrou que o bullying em jovens americanos aumentou 52% de 2003 a 2007. Outro estudo de 2014 revelou que os incidentes de ciberbullying triplicaram em um único ano. A crueldade entre pares tornou-se tão intensa que tem afetado a saúde mental: um em cada cinco estudantes do ensino médio comete suicídio como uma solução para a crueldade dos pares.

Bullying é aprendido, mas também pode ser desaprendido, e cultivar a empatia é nosso melhor antídoto. Sabe-se que crianças e adolescentes com identidades baseadas no cuidado e na responsabilidade social são mais propensos a considerar as necessidades dos outros. Assim, como pai ou mãe, procure incentivar a empatia e a compaixão em seus filhos. Leve-os a imaginarem-se no lugar do outro e a perceber a dor de uma vítima. Isso faz com que eles compreendam melhor a situação e reflitam antes de causar sofrimento ao outro. Com adolescentes, esqueça sermões e lições de moral. O que funciona bem são exemplos de conduta. Seja o modelo de ações e palavras que privilegiem o bem-estar comum e a convivência harmoniosa.

Os jovens de hoje também são mais ansiosos e, quando a ansiedade aumenta, a empatia diminui: é difícil sentir empatia pelos outros quando você está no "modo de sobrevivência", dando-se conta de pouca coisa que acontece ao seu redor com outros, e isso é o que está acontecendo com muitos de nossos filhos. Criar pessoas compassivas, felizes e bem-sucedidas exigirá um bom diálogo. Veja a seguir algumas dicas para ajudar seus filhos nesse sentido.

Gerador de empatia: sintonizando sentimentos

Ensinar seus filhos a lerem os sentimentos alheios com mais precisão aumentará o aprendizado emocional deles e é o primeiro passo para cultivar empatia e compaixão. Segue abaixo um exercício de construção de empatia de quatro passos que irá ajudá-los a começar. Use-os no cotidiano da família e você verá os bons resultados na sua convivência com eles e na convivência deles com os amigos e colegas.

Passo 1: Pare e sintonize

A empatia começa com a sintonia de um com o outro. Então, quando é hora de se conectar com seu filho, aperte o botão de pausa para tudo ao redor e aproveite o tempo com ele; sintonizem-se um com o outro. Evite que dispositivos digitais impeçam as conexões da sua família, definindo e aplicando esta regra simples: "enquanto outros conversam ou estão presentes, evitem digitar no celular ou no *tablet*, falar no telefone e ver TV".

Passo 2: Olho no olho

É por meio do contato visual que as crianças aprendem a ler as emoções das pessoas, então encare seu filho e mantenha-se neste nível enquanto você se comunica. Crie o hábito de sempre observar a cor dos olhos do falante. Essa regra ajuda as crianças a usar o contato visual e captar expressões faciais, tom de voz e pistas emocionais. Uma boa dica de atividade em família é criar pequenas competições de manter olho no olho para ver quanto tempo os membros da família conseguem sustentar o contato visual sem desviar o olhar. É uma maneira divertida de ajudar as crianças a se sentirem mais à vontade olhando uns para os outros.

Passo 3: Foque em sentimentos

A nomeação dos sentimentos ajuda as crianças a desenvolver um vocabulário emocional. Aqui estão três maneiras simples de ajudá-las a se concentrar nos sentimentos:

- Nomeie o sentimento. Diga a eles: "Parece que você está chateado" ou "Você parece frustrado".
- Combine a emoção com o gesto. "Você parece estar franzindo as sobrancelhas. Você está cansado?".
- Evite julgar os sentimentos dos seus filhos. Escute com interesse e valide a emoção que permeia o momento.

Passo 4: Expresse sentimentos

Uma vez que as crianças tenham um vocabulário emocional, elas precisam de oportunidades para praticar a expressão desses sentimentos. Nossa sugestão é trocar perguntas por um direcionamento de possibilidades de sentimentos. Algo assim: "Você deve ter se sentido muito chateado com o que aconteceu hoje com seu amigo". O objetivo aqui é ajudar as crianças a descrever o que sentiram para que tenham a linguagem emocional na próxima situação. Depois de fazer isso algumas vezes, você pode começar a perguntar: "Como você se sente?". Nesse momento, a criança já terá desenvolvido um bom vocabulário emocional. Por fim, pode começar a perguntar sobre os sentimentos que elas notaram nos outros. Veja na tabela abaixo como seriam essas etapas:

Etapas	
1	De início, substitua o "Como você está?" por "Você deve estar se sentindo muito chateado".
2	Passe a usar a frase "Como você se sente?".
3	Passe a usar "Como ele se sente?".

Outra forma de promover a criação de um melhor vocabulário emocional é por meio da literatura. Ajudar as crianças a gostar de ler favorece a imaginação, a valorização de condutas e o julgamento moral.

Resumidamente, a estratégia de promover a criação de um melhor vocabulário emocional e de automonitorar a comunicação verbal se baseia em:

- Primeiro, nós fazemos por você e mostramos o modelo.
- Depois, nós fazemos com você.
- Em seguida, *observamos* como você faz.
- Por fim, você faz de maneira autônoma.

Veja algumas outras dicas valiosas para auxiliar na nomeação das emoções e para incentivar a empatia:

- *Use um bebê.* Se você tem um bebê na família, considere usar a abordagem das bases da empatia. Seus filhos podem observar um irmãozinho menor, primo ou vizinho, enquanto você os guia para que eles entendam as sensações do bebê e como ele as expressa. Um bebê não fala, correto? Usa choro, sorrisos, gritinhos e movimentos para expressar o que sente. Incentive a curiosidade natural de seus filhos com a pergunta: "O que será que ele está 'falando' na sua linguagem de bebê?".
- *Crie um filhote.* Seus filhos estão pedindo um cachorrinho? Os animais podem ser uma estratégia poderosa para ensinar emoções e cuidado. Você pode, por exemplo, mostrar ao seu filho os movimentos do rabo do cachorro e perguntar qual emoção o animal está sentindo.
- *Seja tutor de uma criança.* Incentive seu filho a tutorar um aluno que esteja com dificuldade em leitura, matemática, esportes, arte, música ou qualquer

outra coisa. Encontre um caminho para o seu filho ajudar os outros e usar a experiência para sintonizar emoções e aprender o que seu "aluno" lhe dá de feedback.

- *Faça uma ligação de vídeo com os avós ou pessoas idosas que estão ausentes no momento.* Esta é uma ótima maneira de fazer a criança se conectar com alguém amado face a face, porque ela tem a possibilidade de focar especificamente no rosto da pessoa, facilitando a atenção concentrada na expressão facial do outro e no diálogo. Assim, deixa de distrair-se com outros elementos presentes numa situação presencial. Refletir sobre o estado emocional do interlocutor durante as chamadas de vídeo ajuda a estimular a empatia. Oriente seu filho a observar como o interlocutor se sente e a identificar os sinais faciais que demonstram que é hora de terminar a ligação.

Diálogos construtivos

Ajudar os filhos a pensar e agir sozinhos demanda uma base sólida de diálogo e exemplos familiares. O diálogo é o melhor caminho para observar e colocar em prática boas reflexões, utilizando as três perguntas básicas: o que, como, por quê. Veja alguns exemplos de diálogos:

Com crianças em idade pré-escolar	
Conversa inicial	**Desenvolvendo o diálogo**
Filho: Uma moto! Mãe: Sim. Que legal, filho! De que cor ela é? Filho: Azul e verde. Mãe: Certo! Muito bem, parabéns, campeão!	Filho: Uma moto! Mãe: Sim. E o que ela está fazendo? Filho: Tem uma pessoa nela. Mãe: Por que será que há uma pessoa sobre ela? Filho: Porque a pessoa quer ir para outro lugar. Mãe: Pode ser. Será que há algum outro motivo? Eles estão indo rápido e reto, não é?

FALEI SEM PENSAR

Com crianças que cursam o início do ensino fundamental	
Conversa inicial	**Desenvolvendo o diálogo**
MÃE: Como foi na escola hoje? FILHO: Legal. Puxa, esqueci minha agenda. MÃE: Não acredito, que azar! Vamos lá para você pegá-la.	Mãe: Como foi na escola hoje? Filho: Legal. Puxa, esqueci minha agenda. Mãe: Humm... Filho: E agora? O que eu faço? Mãe: Hum...vamos pensar. O que você pode fazer? Filho: Não sei, mãe! Me leva lá para eu pegar? Mãe: Não posso, filho, tenho outro compromisso. Filho: Eu ligo para o Fernando e ele me passa a lição de casa. Mãe: E se tiver alguma anotação da professora ou bilhete sobre a reunião? Filho: Verdade, tem isso. Posso ligar para a escola e pedir para guardarem na coordenação e para me passarem o que tem na página de hoje. Mãe: Gosto das suas duas ideias, filho. Vejamos juntos qual delas vai funcionar melhor.

Com crianças que cursam o final do ensino fundamental	
Conversa inicial	**Desenvolvendo o diálogo**
MÃE: Como foi na escola hoje? FILHO: Legal. MÃE: E a prova de Ciências? FILHO: Boa. MÃE: Que bom, filho!	MÃE: Como foi na escola hoje? FILHO: Legal. MÃE: E do que você mais gostou de fazer lá? FILHO: A prova de Ciências. MÃE: Que bom, filho! Por quê? FILHO: Estudei muito para tirar nota boa e acho que vou tirar. MÃE: Fantástico! Por que você acha que vai tirar nota boa? FILHO: A professora deu uma olhada na prova e disse que fui bem. E eu sabia todas as respostas.

| Com jovens que cursam o ensino médio ||
Conversa inicial	Desenvolvendo o diálogo
MÃE: Como foi na escola hoje? FILHO: Normal. MÃE: O que os professores passaram? FILHO: Ah, tudo igual. Muita coisa para estudar. Temos um resumo para fazer do livro de literatura. MÃE: Pelo menos você gosta de ler. FILHO: Eu gosto de ler outras coisas, não esse livro chato.	MÃE: Como foi na escola hoje? FILHO: Normal. MÃE: O que teve de interessante? FILHO: Bem, soube de uma coisa muito interessante sobre morcegos. MÃE: O quê? Sobre morcegos hematófagos? FILHO: É! Você sabia que esses morcegos que gostam de sangue só vivem nas Américas? MÃE: Sabia, sim. E como você soube? FILHO: O professor passou um vídeo, pensamos e discutimos depois o que havíamos visto. Aí ele deu um texto. MÃE: Por quê? FILHO: Para dar mais informações e avaliar nossa compreensão. MÃE: Então foi muito bacana! Que bom que este professor é tão dedicado para fazer vocês aprenderem, não?

E assim o diálogo vai se desenvolvendo de maneira surpreendente, e as crianças e jovens vão, ao mesmo tempo, aprendendo novos conceitos e pensando sobre eles, podendo até formular respostas inesperadas. Dessa maneira, todos se divertem com a conversa, e a criança ou o jovem recebe a atenção da mãe: um prêmio valioso.

Ao estimular uma criança a encontrar soluções, você a faz pensar mais criticamente, e não entrega uma solução de bandeja. Isso desenvolve a autonomia e o argumento.

Pré-adolescentes e adolescentes tendem a ser mais sucintos e econômicos em diálogos. Você pode ajudá-los a se expressarem melhor sem demonstrar ansiedade em invadir o mundo deles e sua intimidade.

Ao indagar sobre um tema do contexto de seu filho ou da família ou comunidade, faça perguntas abertas, por exemplo: "Como você se sentiria se visse duas pessoas que, enquanto corriam, derrubaram duas idosas e não as ajudaram a levantar?". Com uma pergunta aberta desse tipo, você encoraja a pessoa a pensar sobre o que ouviu e o descrever.

Indo além, refletir sobre essa pergunta abre um leque de opções para que ela possa ver e sentir novas perspectivas, e é você quem deve estimulá-la a isso, fazendo-a enxergar a questão sob vários ângulos: "E se eles estivessem correndo por uma boa causa? Isso justificaria o descaso?" ou "E se as senhoras tivessem tentado atrapalhá-los de propósito, seria possível?". Você pode, por exemplo, num almoço em família, ou à hora do jantar, trazer temas com mais de um ponto de vista, que possam ser discutidos por todos os membros da família. Sendo feita de maneira saudável e bem-humorada, essa estratégia pode ser um ótimo exercício para desenvolver o poder de argumentação e persuasão de seus filhos.

O dia a dia com seu filho

Veja mais algumas sugestões para a comunicação diária com seus filhos:

- Evite se desculpar pelas coisas que pede a eles e tampouco justifique-se demais. Ao articular as regras da casa, é desnecessário explicar demais o motivo das solicitações; um motivo basta.
- Dê instruções claras e objetivas sobre a tarefa que deve ser feita. Se ele for criança e a tarefa for nova, instrua-o passo a passo e em seguida deixe-o fazer sozinho. Mesmo que a tarefa não tenha saído como você esperava, elogie a dedicação e instrua-o novamente.
- Agradeça e dê feedbacks na hora e da maneira certa: evite exagerar nos elogios para situações cotidianas e corriqueiras. Um agradecimento curto, firme e sincero já basta. Ao fornecer um feedback sobre algo que ele fez errado ou não tão bem, pontue de forma delicada dando uma sugestão de como ele poderá fazer melhor na próxima vez.
- Note quando ele fizer algo de bom. Quando seu filho ajudar alguém na rua ou em casa de forma espontânea e genuína, mostre-lhe que o observou e se orgulhou dele: "Eu vi que você ajudou a senhora e achei bem legal". Isso vai comunicar que você observa, fica feliz e lhe dá retornos positivos.
- Ajude seu filho a despertar a compaixão dentro de si e a ampliar os pontos de vista: ensine-o a ver que, próximo a ele, sempre há alguém que necessita de algo a mais e que ele pode colaborar.

O excesso de elogios

Outro fator a se considerar em relação à comunicação com os filhos é o excesso de elogios.

O elogio em si não é ruim. Sempre que alguém recebe elogios por algo, o cérebro entende isso como uma recompensa. Seu filho fez algo bom e recebeu um agrado. O cérebro dele, então, começa a querer receber mais agrados para se sentir bem, o que o incentiva a tomar iniciativas mais ousadas. É aí que a motivação entra em ação, impulsionada pelo centro de recompensa do cérebro. A motivação o faz persistir. Ao mesmo tempo, se ele recebe elogios demais, o cérebro entende que pode parar de mandar mensagens de persistência para ele acabar as tarefas. E aí começa o enguiço.

Uma criança elogiada o tempo todo pela inteligência, por exemplo, pode entender o seguinte: "Tenho que ser sempre inteligente, porque essa é a impressão que os adultos têm de mim. Mas como eu faço para que os outros pensem que eu sou inteligente?". A resposta mais fácil seria: *parecer* inteligente, claro! Para isso, basta criar uma zona de segurança: fugir de cursos difíceis e de tarefas complicadas; enfim, tirar o corpo fora de qualquer desafio que possa expor possíveis dificuldades (ou o que a pessoa entenderia como "burrices"). Conclusão: seja por medo de arriscar, seja por falta de vontade, uma pessoa talentosa e excessivamente elogiada pode se dar pior na vida do que alguém esforçado e persistente. Os resultados de pesquisa da neurocientista Carol Dweck, publicados em seu livro *Mindset*, provaram que o elogio deve ser dirigido para o *processo*, independentemente do resultado. Sempre para as ações, nunca para a pessoa. Por exemplo, em vez de falar: "Você é inteligente, parabéns!", elogie o resultado: "Você foi muito bem na prova, sinal de que se dedicou bastante ao estudo. Parabéns pela dedicação!".

FALEI SEM PENSAR

Os pais desta geração são conhecidos pelos elogios excessivos e pela resistência ou dificuldade em fazer críticas, mesmo as construtivas. É importante dar elogios específicos que transmitam a imagem de que observamos as atitudes dos filhos e paramos para pensar sobre elas. E, quando uma crítica for necessária, é essencial que, como vimos acima, critiquemos a ação, e não o jeito de ser da criança. Elogiar com ênfase a atitude e o esforço aplicado permite que qualquer indivíduo corrija suas falhas e monitore maneiras de chegar ao sucesso.

Duas regras de ouro para a comunicação entre os pais

1. Os limites para os filhos devem ser combinados entre os pais. Mas atenção: nem sempre o pai e a mãe devem pensar exatamente igual! Ninguém é obrigado a pensar do mesmo jeito e ninguém deve obrigar o cônjuge a pensar como ele. É importante para os filhos saber que um pensa de um jeito e outro pensa diferente, e que ambos sabem conciliar os pontos de vista. Essa criança vai crescer observando os pais e virar uma pessoa conciliatória na família, no trabalho. Essa autonomia de pensamento é importante, mas a decisão deve sempre ter como prioridade a educação do filho.

2. Não se desautorizem na frente um do outro. Evite interromper seu parceiro ou parceira quando estiver falando com a criança. Não gostou de como o outro agiu com o filho? Fale com ele em um ambiente separado: "Da próxima vez, eu gostaria de que fosse assim, que a gente combinasse antes de dizer".

Ex-parceiros, novos cônjuges

As relações hoje são rápidas e mais transitórias do que nunca. Se você se separou há pouco tempo, evite ficar se expondo nas redes sociais com o novo parceiro, principalmente quando há crianças envolvidas. O ex-parceiro ou parceira pode se chatear, a criança pode ouvir pelo amigo do amigo que a mãe o ou pai está namorando... Penso que tem que existir uma certa proteção da intimidade. Hoje cria-se familiaridade e intimidade de um jeito muito rápido.

Sobre a relação entre madrasta/padrasto e enteados, ela precisa ser clara. É importante entender que os filhos do seu atual cônjuge não são seus filhos, por mais que você os ame. O pensamento e a vontade da mãe e do pai é que vão mandar dentro do lar. Deve existir uma relação harmoniosa, pelo menos amistosa, de colaboração. O que você quer que eles comam? Tem algum alimento proibido? Se você não se sentir à vontade para dialogar dessa forma com a mãe ou o pai de seus enteados, recorra ao seu cônjuge.

Limites devem ser bem conversados entre todos, o que pode, o que não pode: "Sua mãe prefere que a gente faça assim, e seu pai gosta disso, então vamos juntar essas duas coisas". Penso que a colaboração e a conciliação são pensamentos importantes para o mundo. São importantes dentro da família e dentro de qualquer tipo de relacionamento. As crianças e adolescentes têm que se sentir amados e queridos, desejados naquele momento. A criança quer chamar de avô o pai do padrasto? Deixe que essa seja uma escolha da criança. Simples!

Em relação à comunicação com o ex-cônjuge, é preciso ter em mente que aquela é uma pessoa com a qual você dividiu intimidade e familiaridade por muito tempo. Essa pessoa merece respeito e merece ser ouvida, principalmente em situações de decisões em relação a filhos, caso tenha.

É necessário entender que um casal que se separa perde a cumplicidade numa série de coisas, mas deve manter a cumplicidade na educação dos filhos.

Tem ex-casal que telefona um para o outro para tudo em relação aos filhos. Precisa? Depende: é isso que quer? Penso que o importante é manter um vínculo de parceria. Você não precisa ser íntimo do seu ex, precisa ser parceiro de decisões. De maneira geral, a autoconsciência é muito importante. Qual é seu interesse em relação ao ex-cônjuge? Vale sempre manter a relação amistosa, equilibrada, tomar decisões juntos e eventualmente fazer programas juntos para o bem das crianças. Aniversário, por exemplo, é uma situação que pede os dois juntos.

Algumas mães e pais têm o hábito de omitir desde notas até incidentes. Tenha em mente que todas as coisas que se referem aos filhos devem ser discutidas com os responsáveis.

Falando com idosos

O número de idosos aumenta cada vez mais no mundo, e todos nós temos algum na família. Há uma tendência na literatura gerontológica atual de considerar que as pessoas que têm entre 45 e 75-80 anos estão vivendo uma segunda adolescência, só que agora com experiência. Indo além, considera que o envelhecimento realmente tem início a partir dos 80 anos, quando seríamos, então, idosos. A ciência nos propicia um aumento da expectativa de vida que pode vir acompanhado de um certo desafio na comunicação, uma vez que a audição e a visão muitas vezes começam a falsear, e o idoso pode se isolar do seu meio cultural e social. Nesse sentido, saber conversar com eles é fundamental!

Veja a seguir algumas dicas para melhorar seu contato com idosos.

Quanto à fala

A alteração mais comum no início do envelhecimento é a *anomia*, ou seja, a dificuldade de nomear pessoas e objetos, de encontrar a palavra "certa" para preencher o contexto do discurso. Caso converse com um idoso que apresente esse sintoma, não seja ansioso para falar por ele. Espere com paciência.

Há também a tendência a repetir ideias e fazer comentários irrelevantes à conversa. Ignore-os.

São comuns as dificuldades de compreender e entender a fala rápida ou sentenças muito longas. Portanto, melhor evitá-las.

Quando há algum ruído interferindo na conversa, a pessoa também apresenta dificuldades para entender. Vale sempre afastar ou eliminar ruídos ao conversar.

Quanto ao comportamento:

A pessoa pode:

- Ficar apática, se estiver vivendo muito isolada. Nesse caso, converse com ela sobre temas de sua juventude, como músicas e passeios que eram feitos com amigos, e estabeleça comparações com os hábitos atuais. Aponte vantagens nos momentos presentes, pois observo uma tendência nas pessoas idosas de somente valorizar o que já passou.
- Demonstrar menos interesse por passatempos ou atividades das quais gostava antes. Isso pode significar que a atenção está curta, então, em vez de se dedicar a uma só atividade por mais tempo, proponha três ou quatro atividades curtas.
- Desejar fazer as mesmas coisas sempre, mostrando inflexibilidade para se adaptar a mudanças.

FALEI SEM PENSAR

Mudanças podem representar um desafio em qualquer época da vida, e a resistência a elas pode ser mais forte nessa idade. Converse e evite discutir; aceite hábitos antigos e proponha uma mudança pequena a cada dois ou três dias. Temos de evitar "dar aulas" para os idosos de como as coisas têm que ser e desejar que eles adotem nossos parâmetros de vida. Eles já têm o parâmetro deles e, se não enxergarem vantagens imediatas, tudo fica igual a como era antes.

- Ter dificuldade de compreender conceitos complexos. Logo, quebre a explicação em mais de dois passos, usando uma sequência de frases curtas.
- Mostrar-se mais egocêntrica, pouco interessada nos outros. Isso é um comportamento natural, pois o cérebro luta para se manter funcional para o próprio indivíduo. Observe esse comportamento, aceite-o e evite sobrecarregar os mais velhos com seus problemas pessoais. Eventualmente peça conselhos, pois isso será benéfico a ambos, e afaste firmemente qualquer crítica negativa ao conselho ouvido.
- Esquecer mais facilmente detalhes de conversas recentes e repetir-se com maior facilidade. Ouça com tolerância e evite dizer que a pessoa já falou aquilo muitas vezes, porque pode constrangê-la e fazê-la simplesmente parar de contar os próprios pensamentos e sensações, o que será tremendamente negativo.
- Tornar-se mais irritável ou perder o controle mais facilmente se não é compreendida ou não compreende a conversa. Nesses casos, fale de forma curta, com vocabulário acessível, e refraseie sempre que seu olhar perceber no outro uma certa expressão facial de confusão.

Dicas finais para conversar melhor em família

As estratégias a seguir são excelentes não apenas para ajudar na conversa com os idosos, mas com todos os familiares:

EM CASA:
- Sempre olhe para o rosto de quem fala.
- Vá até os falantes, caso eles estejam em outra sala.
- Peça aos interlocutores que se aproximem e olhem para você antes de começarem a falar.
- Elimine outros ruídos que possam atrapalhar a conversa.
- Evite usar a pergunta "Quê?". Pergunte exatamente o que você não entendeu, se foi uma palavra ou a frase inteira. Peça repetição.

NO CARRO:
- Se for passageiro, sente-se no banco dianteiro para ter melhor posição e ver todos os ocupantes.
- Se estiver guiando, peça a seus companheiros que falem claro e um por vez.
- Se perder uma palavra, repita o que você pensa que ouviu.

JANTANDO FORA:
- Um restaurante calmo e iluminado sempre ajuda na hora da conversa em família.
- Examinem todos o menu previamente antes de o garçom chegar e perguntem-lhe, um de cada vez, as dúvidas sobre os pratos. É comum todos quererem dar sugestões e palpites nessa hora. Lembre-se de que a organização é fundamental para a harmonia da comunicação.

- Sente-se ao lado da pessoa com quem você quer conversar mais.
- Foque ativamente na conversa, tentando ignorar os ruídos interferentes.

Ao telefone:
- Se você deixar de entender algo, faça perguntas específicas cujas respostas serão "sim" ou "não". Por exemplo: "Eu ouvi 'seis'. É isso?".

Em geral
- Expressar o que causou desconforto a você na hora, depois de segurar na boca um gole de água para gerenciar a emoção, é melhor do que falar muito tempo depois com ofensas.
- Usar o futuro do pretérito numa resposta acolhe uma boa possibilidade para o ouvinte, ou seja, substituir o "você deve" por "você poderia" é elegante e acolhedor.
- Ao iniciar uma conversa sobre sentimentos, comece com "Eu posso imaginar que você está sentindo o mesmo que eu". Essa é uma das melhores maneiras de se conciliar opiniões.
- Quanto menos você responde a pessoas negativas com outras negativas, melhor vocês conversam.
- Evite esconder-se por trás da linguagem difícil: siga sempre o modelo CSS, ou seja, uma linguagem clara, simples e sintética. Dê preferência ao uso de palavras frequentes no idioma. Além disso, as frases devem ser curtas, os complementos de tempo e espaço bem explícitos e os detalhes específicos, eliminados.
- Por exemplo, em vez de contar: "Guilherme, o filho mais velho da minha vizinha, caiu da árvore durante

uma festinha na escola e se machucou seriamente, perdendo muito sangue. Teve que ser levado ao hospital, e minha vizinha ficou bastante preocupada e não parava de chorar enquanto ele estava sendo atendido pelos médicos no pronto-socorro", pense se há utilidade em relatar essa notícia de forma tão detalhada. Se houver, você pode descrevê-la desta maneira: "Um dos filhos da minha vizinha caiu ontem durante uma festa na escola e teve que ser levado ao hospital". Só continue se a pessoa se interessar em saber as consequências e perguntar mais detalhes.

- Coloque ênfase nos verbos de ação, pois nossos neurônios-espelho os copiam automaticamente no cérebro. No exemplo acima, coloque a ênfase na palavra "caiu" e "teve que ser levado".
- Enfatize também o uso da palavra "nós" (pois gera proximidade e união) e as frases afirmativas (pois são assertivas).

Pratique!

Tantas variáveis encontramos numa família, certo? Talvez o mais importante para se praticar seja a construção de um vocabulário que expresse bem nossas emoções e sentimentos. Comece consultando o quadro de emoções na página 239, ao fim do livro, junto com seus filhos. Se tiverem 8 anos ou mais e estiverem alfabetizados, vocês já podem, juntos, escrever e desenhar o próprio quadro de emoções deles. Caso ainda sejam pequenos, pegue figuras na internet que definam as emoções e criem juntos as palavras que as nomeiam. Esta é uma ótima forma de direcionar a criança a entender e expressar os próprios sentimentos.

Capítulo 7
Falando bem em público

Você tem uma oportunidade de falar em público, e a primeira coisa que acontece é ficar com muito nervosismo? Pense: quem vem a público é porque tem algo a dizer e a contribuir. E falar em público é a melhor oportunidade para você disseminar ideias. Some isso ao seguinte pensamento: não é preciso "zerar" o nervosismo; uma certa ansiedade é, na verdade, bem-vinda, seja para caprichar mais ainda na preparação do conteúdo da sua fala, seja para sentir aquele friozinho na barriga de quando se faz algo "importante". Está com medo? Então vai com medo mesmo!

Uso muito uma técnica baseada na filosofia budista: criar um espaço interior para você se expandir dentro da sua cabeça. Imagine esse espaço se expandindo com disponibilidade, receptividade e alegria de contribuir. Abra também um espaço para esse você que vai falar em público. Além disso, crie caixas para colocar do lado de fora. Eu gosto de imaginar meu medo em uma caixa à minha direita. Nessas caixas, coloque seus piores temores: o medo de dar branco, as angústias... São caixas variadas fora de você. E esse você precisa de algumas noções bem claras.

Antes de mais nada: inspire profundamente. Guarde o ar dentro de si. Sinta-se capaz, confiante e com o poder de colaborar! Procure perceber a alegria de falar em público. A felicidade de poder persuadir e até mudar a vida de muitas pessoas ao mesmo tempo. E essa é uma das melhores sensações que podemos ter: nos sentirmos úteis para muita gente. Bateu aquele medo em excesso, aquele que tenta paralisar, engessar? Foque nessa alegria!

Lembre-se do que já falamos sobre as poses de poder. Instantes antes de falar, adote uma postura de peito aberto, ou qualquer outra que faça com que você se sinta poderoso. Aqueles que mantêm posturas de alto poder por mais de dois minutos têm um aumento do nível de testosterona automaticamente, e o cortisol, hormônio do estresse, diminui. Você vai sentir os benefícios na hora!

Quando você sente os benefícios, você se entusiasma e passa esse entusiasmo para a plateia, abrindo mais os olhos e falando com mais paixão.

Pesquisas mostram que pessoas que falam em público têm cerca de 50 segundos para captar a atenção de quem ouve. Assim, é importante que você garanta que a primeira impressão da plateia sobre você seja a melhor possível. Com as dicas que darei a seguir, seu sucesso nesses 50 segundos estará garantido!

Para começo de conversa

Veja algumas dicas mais gerais que podem ajudar você a preparar sua apresentação:

- Inicie sua fala de modo direto. Cumprimente, agradeça por estar ali e já entre no assunto, para não dispersar a plateia. Lembre-se de que você tem cerca um minuto para captar a atenção do público, então comece com uma frase bem interessante ligada ao seu tema, por exemplo: "Aqui estamos num sábado ensolarado conversando sobre física. Vocês imaginam quão interessante possam ser as noções de mecânica celeste?". Deixe os agradecimentos mais longos para o final.

- Lembre: PowerPoint é diferente de teleprompter. Ele vai apresentar suas ideias, os pontos principais; quem vai falar é você. Evite textos longos na tela, limitando-se a sete ou, no máximo, oito linhas por slide.
- Tenha claro o roteiro do que vai dizer. Aliás, este é um dos melhores antídotos contra o nervosismo: preparar-se antes. Se esquecer algum ponto, você vai tirar de letra a improvisação: afinal, você sabe o que pretende falar, pois estudou antes e se preparou.
- Tenha coragem! Lembre-se de que quase todos os erros podem ser consertados em seguida. Esqueceu algo? Falou errado? Corrija! Simples.
- Lembre: quem controla sua fala é, em primeiro lugar, a audiência. Fixe seu olhar em pessoas que estão bastante engajadas em escutar você.
- Sorria para as pessoas e distribua seu olhar e seu movimento leve de mãos para a direita e a esquerda. Observe as pessoas ao fundo.
- Quando falar coisas muito importantes, diminua o ritmo. Pare um pouco para as pessoas registrarem o que você falou e em seguida continue. Sempre resuma: "Bem, como nós já vimos", "Continuando com a ideia de Fulano, podemos concluir que...".
- É preciso entusiasmo: olhos abertos, meios sorrisos, tom de voz animado.
- Lembre: falar é treino. Treine pelo menos duas ou três vezes e marque o tempo.

- A respiração é nosso equilibrador natural. Respire a seu favor! Uma pessoa que está muito ansiosa não consegue respirar até o fim, e isso prejudica o andamento da fala. Outra coisa: é preciso criar reserva de ar para sua voz ser resistente e não falhar.

Medo, o poderoso freio de muitas iniciativas

Quantas vezes você já ouviu uma pessoa contar que tem muito medo de falar em público? Eu, inúmeras vezes. Como dizia um construtor que eu mentoro: "Tenho pavor de falar para muitas pessoas. Eu começo a falar, o ar me falta e eu não chego até o fim da frase. Tenho uma imagem a preservar e não sei o que fazer".

Com o objetivo de ensinar seu cérebro a preparar e modular sua experiência de um modo diferente, comecei a desconstruir sua crença e formar um novo conceito, porque o insucesso inicial deixara marcas, que ele chamou de medo. Perguntei se havia lhe ocorrido a ideia de respirar antes de falar, uma vez que, quando se vai falar em público, é necessário falar com maior projeção da voz, o que demanda maior volume de ar. Assim, ele poderia sentir conforto e enganar o medo, substituindo-o por confiança, e ter ar até o final da frase.

Incentivei-o a tentar três respirações completas, com pausas entre o inspirar e o expirar, e imaginar que estava começando a conversar em público, trocando ideias e recebendo comentários e sugestões, como acontecia todos os dias em seu escritório. Trocamos uma imagem rígida de palestrante por uma de diálogo habitual (que lhe era bastante familiar e reconfortante) envolvendo muitas pessoas e construímos uma nova experiência, com novo vocabulário emocional. Tem dado muito certo, pois a ciência nos conta que o cérebro aprende com o sucesso.

Sugiro a você, leitor, um exercício que dei a ele por uma semana:

- Pegue um cronômetro e marque 15 minutos.
- Comece a escrever sobre suas experiências emocionais do dia (pode ser no computador ou numa folha de papel). Pergunte-se se sentiu medo, ameaçado ou outras sensações negativas ou positivas.
- Apague. O objetivo aqui é pensar sobre suas emoções diárias e colocá-las para fora de você sob a forma de palavras.

A arte da retórica

Falar é o modo mais simples de passar uma informação de uma pessoa para outra. Desde quando nossos antepassados, diante da fogueira, contavam uns para os outros as histórias vividas durante o dia e compartilhavam conhecimentos e experiências, essa habilidade de se comunicar foi se aperfeiçoando. Muitos livros já foram escritos para ajudar o leitor a dominar a arte da retórica, ou seja, do falar bem, e hoje em dia os conhecimentos de neurociências e funcionamento cerebral aliaram-se para complementar o que já se sabe a respeito da boa oratória.

A argumentação e a palavra sempre foram muito apreciadas pelos gregos antigos. Temos como exemplo Demóstenes (346-324 a.C.), ateniense conhecido como um dos maiores oradores da história. Quando criança, perdeu o pai, e sua herança foi roubada por seus tutores. Já adulto, escreveu uma série de acusações contra esses mesmos tutores, para reaver seu patrimônio, e costumava proferir discursos políticos. Demóstenes treinou arduamente durante longo tempo para vencer a gagueira e os movimentos de ombro e face associados a ela. A história conta que ele treinava seus discursos enquanto corria na praia ao som do barulho do mar e das ondas quebrando; falava também com pedras na boca, e outro recurso era falar próximo a uma espada que pendia do teto para que, dessa maneira, controlasse seus movimentos e evitasse mexer o ombro e cortar-se. Com muito treinamento e dedicação, Demóstenes se tornou o maior orador de sua época, conhecido e reverenciado até os dias de hoje.

Para ser um bom orador, você precisa dominar algumas premissas da excelência da comunicação. Falar com naturalidade, elegância, lógica e emoção exige determinação, perseverança nos treinos. Tomando minha experiência como perspectiva, eis aqui alguns atributos que você já pode ter ou que deve desenvolver para falar bem a grandes grupos.

1. *Paixão por expressar seu conhecimento*. Compartilhe suas ideias e pontos de vista com entusiasmo e convicção. Se você não tem paixão por seu tema, por que outra pessoa ouviria com interesse? É a qualidade da sua energia que contagia e persuade.
2. *Gerenciamento do tempo*. Seu objetivo é informar, influenciar, entreter ou esclarecer dentro de um tempo estipulado. Sua mensagem tem que ser estruturada para ter começo, meio e fim com conclusões que tragam benefícios para a plateia dentro desse período. Nada pior do que ouvir um palestrante afirmar que seu conteúdo era muito maior, mas o tempo era pouco. Isso mostra claramente que ele não

soube elencar prioridades no seu conteúdo e gerir o tempo que lhe coube.
3. *Capacidade para entender a plateia.* Bons oradores conversam com antecedência com os organizadores do evento para se informar sobre o tipo de plateia de sua palestra. E, mesmo na hora, ao expressar a alegria de estar com eles, valem algumas perguntas que envolvam o tema "Vamos nos conhecer?". Por exemplo: "Vocês já sabem algo sobre mim, agora quero saber algo de vocês: advogados, levantem a mão direita; agora os amigos do marketing, levantem as duas mãos"; e assim por diante. Se a palestra for dentro de uma empresa e você quiser se localizar quanto à idade e especialidade, sugiro que pergunte: "Quem tem filhos?", "Quem é do departamento Y?". Essas perguntas podem ser feitas em tom de brincadeira e são extremamente úteis para nortear o vocabulário a ser usado em sua fala. Além disso, essa dinâmica aquece a relação inicial entre palestrante e audiência.
4. *Naturalidade.* Seu estilo deve sempre estar mais próximo de uma conversa do que de uma longa dissertação lida, mesmo se seu tema for algo muito específico, como microbiologia ou neurocirurgia. Inclua a plateia no seu conteúdo, fazendo perguntas e respostas, como se eles estivessem conversando com você. Cito um modelo: "Penso que vocês já ouviram falar em células, não? Nosso organismo tem muitos milhares dela, sabiam? Toda célula tem um núcleo [e aí você mostra a imagem]. Pois bem, meu campo de estudo é especificamente sobre o que há na célula dentro e fora do núcleo". E assim se desenvolve o assunto de maneira natural, com o público inserido em cada passo do tema. Essa estratégia dá muito certo e eu,

particularmente, a uso muito, pois me ajuda a sentir a plateia mais próxima. Quando o palestrante usa a sua naturalidade com um encanto que prende as pessoas no assunto de maneira prazerosa, diz-se que tem carisma, ou que é charmoso. Compreensível, certo?

5. *Determinação para praticar.* Alguns oradores são bons palestrantes desde cedo, mas a maior parte das pessoas não nasce boa oradora ou palestrante incrível. Elas se desenvolvem com muito treino. Quem pratica se desenvolve. Sempre treine antes de falar e, se preferir, grave-se e se automonitore para avaliar seu progresso.

Decorar ou usar fichas?

Certas pessoas têm facilidade para memorizar o que vão dizer, enquanto outras vão pelo caminho oposto e levam tudo anotado. Minha sugestão? Se você tem facilidade para decorar, vá em frente, claro, mas, se é como a maioria das pessoas, busque o meio-termo. Levar tudo anotado ou preparar uma apresentação de PowerPoint com todo o texto que você vai falar, nem pensar. Mas um PowerPoint com imagens que sejam atraentes para o público e funcionem como um lembrete para você de cada parte da sua fala é uma boa opção. O texto, pouco, fica em tópicos. Caso não vá usar PowerPoint, você também pode usar fichas manuais para o mesmo fim: tópicos importantes que você não quer deixar de falar. Em casa, ensaie munido apenas desses tópicos. Esqueceu-se de algo? Retome a questão naturalmente. Se você se preparou, é perfeitamente capaz disso.

Muitos estudiosos do assunto dão uma séria de estratégias para falar bem em público. Por exemplo, segundo Lisa Nichols, famosa palestrante norte-americana que ficou bastante conhecida por suas participações no programa de Oprah Winfrey, há quatro segredos para falar e inspirar:

1. Conte suas próprias histórias. Fale sobre você no início e escolha algo que tenha humor.
2. Conte e mostre, ou seja, capriche na parte visual da apresentação, nos gestos, na expressão facial e nos adjetivos.
3. Seja autêntico, isto é, mostre sua real emoção.
4. Mostre convicção pela verdade do que você expressa e deseja comunicar.

Olhe para sua comunicação como se fosse a construção de uma ponte: a estrutura de metal é a estrutura da linguagem usada e o concreto para preencher a estrutura são as suas histórias, o conteúdo.

Matt Abrahams, professor da Faculdade de Administração de Stanford, nos Estados Unidos, prefere dois tipos de estrutura:

1. Exposição do problema ou desafio / Solução encontrada / Benefício
2. O quê? / Então... / E agora?

Na primeira estrutura, prefiro chamar o problema de "oportunidade". Diante dela, encontra-se uma solução e deixa-se claro o benefício, o aprendizado.

Na segunda estrutura, "o quê?" pode ser substituído por "quem?". Por exemplo: O que aconteceu? Quem estava envolvido? Então, as consequências... E agora? Qual foi o resultado e quais serão os próximos passos?

Capriche no *storytelling* (ou *storyfeeling*!)

O *storytelling* é a habilidade de contar histórias de forma envolvente durante uma fala ou apresentação, a fim de engajar mais a sua plateia e reter a atenção dela. A sua história, porém, deve ser relevante em relação ao tema de sua fala. Se não, só vai servir para distrair sua audiência da mensagem que você quer passar.

Hoje em dia, essa técnica tem sido muito usada nos mais diversos tipos de apresentação em público. Veja a seguir algumas dicas de como se sair bem quando quiser adotar o *storytelling*:

1. Conte uma história pessoal, um exemplo de algo que aconteceu de verdade com você ou com pessoas próximas. Isso dá vida à sua fala e mantém o interesse da plateia.
2. Envolva seu público com a história que está sendo contada. Você pode começar com uma história de um período não tão bom de sua vida e então falar de sua transformação. Pessoas sempre buscam conexão e gostam de ser inspiradas por histórias reais (de perdão, perseverança, resiliência, amor, heroísmo).
3. Forneça detalhes e seja bastante específico com o lugar e o tempo em que se passa sua história.
4. Crie um certo suspense. Por exemplo, introduza a palavra "então..." e faça uma pausa. Pausas criam curiosidade e são boas para o cérebro ter tempo de prever possibilidades.

5. Dê vida aos seus personagens. Você pode até fazer vozes diferentes e imitar gestos, se quiser.
6. Mostre. Use e abuse dos recursos audiovisuais, se estiverem disponíveis. O momento deve ser expresso de modo visual, sinestésico. A arte do *storytelling* deve se transformar no que Lisa Nichols chama de *storyshowing* ("show" significa "mostrar" em inglês) e eu chamo de *storyfeeling* (*"feel"* significa "sentir" em inglês), para que o ouvinte se envolva com a sua jornada.
7. Lembre-se da estrutura STAR de como contar algo (veja o Capítulo 4).
8. Comunique emoção, descrevendo minuciosamente como se sentia e como se sente agora. Dê ênfase aos adjetivos que expressam estados mentais e mostre-se vulnerável, se for o caso.
9. Termine com uma mensagem positiva relacionada à história contada, para fornecer mais inspiração à plateia. Você pode também dar esperança: "Se eu fiz isso, vocês juntos certamente farão também, e melhor".
10. Pense em si mesmo como o responsável por educar e entreter.

O checklist da boa apresentação

O quadro a seguir ajudará você a se organizar melhor e fazer apresentações incríveis:

FALEI SEM PENSAR

PENSE NO PÚBLICO	ESTRUTURA DA HISTÓRIA
• Quem é seu público principal? • O que você quer provocar nesse público ao final da apresentação? • Quais são os pontos principais que sustentam a apresentação? • O que será mais fácil e mais difícil para o público entender e por quê? • Que recursos vai utilizar para convencer seu público?	• O arco da história deve ser claro e relevante para o público. - O esboço deve ter de dois a quatro pontos principais. - Construa a sequência de forma lógica e fácil de se acompanhar. • O resumo ou pauta do que será dito deve ser usado como base da estrutura. - Entregue isso no começo da apresentação e retome no final. • O tema da sua fala deve estar claro já no título do primeiro slide. - O título deve falar da mensagem principal do slide, ser conclusivo e deve fazer sentido se lido individualmente. - Os títulos devem ter lógica horizontal, isto é, quando os títulos dos slides forem lidos em sequência, devem contar a história toda.

ENTREGANDO A MENSAGEM	PARTE VISUAL
• A maneira como você apresenta a mensagem deve estar coerente com o conteúdo. Deixe clara sua *expertise* no assunto desde o início para gerar confiança e credibilidade. - Engaje o público como se estivesse num bate-papo. - Tenha energia para sustentar a conexão, mostre entusiasmo contínuo. - Seja convicto em suas posições e faça as pessoas sentirem sua convicção incorporada ao tema. • A transição entre os slides deve ser lógica e explícita. • Traga referências que deem credibilidade ao conteúdo.	• Use recursos visuais para sustentar sua mensagem (diagramas, gráficos, imagens, vídeos). - A informação deve ser relevante e fácil de acompanhar. - Insira apenas uma ideia por *slide*, a qual deve estar alinhada com o título. • Estilo - Mantenha a consistência de estilo até o final. - Crie slides com pouca informação por vez e que transmitam clareza (lembre-se de que é a sua fala que trará o conteúdo principal, não o slide).

Uso do espaço e expressões não verbais

Há coisas que você afirma para uma plateia sem nem perceber e sem sequer abrir a boca: estou falando de sua postura, de seus gestos e do modo como você se veste e ocupa o espaço. Falemos um pouco mais sobre isso.

FALEI SEM PENSAR

Um primeiro ponto importante ao falar em público é saber ocupar o espaço. Caminhe um pouco pelo palco, não fique parado. É importante usar bem o ambiente à sua volta. Além disso, vale formar um espaço para você. Os pés devem estar levemente separados, na mesma largura do tamanho de seus ombros. Mantenha os braços não tão juntos do corpo, ocupando um pouco mais de espaço do que se estivessem colados ao tronco. E mantenha a cabeça ereta, o peito aberto. Dessa maneira, você transmite mais poder para si mesmo e para as pessoas que o olham, e isso o leva a adotar atitudes e ações mais poderosas. Se você deixa os pés juntos, os braços colados e o corpo curvado, as pessoas podem pensar: "Meu Deus, o que esse coitado/essa coitada está fazendo aqui?". Lembre: a performance é fundamental, mas a sua postura também.

Suas mãos devem sempre aparecer. Se não virmos as mãos das pessoas, existe como que uma ameaça, como se a pessoa estivesse escondendo alguma coisa. Assim, evite roupas com bolso, para que não tenha a tentação de esconder suas mãos dentro deles. O ideal é manter mãos e antebraços flexionados numa inclinação entre 45 e 90 graus, prontas para gesticular sempre que necessário. Encontre uma posição de braços e mãos que seja harmônica e confortável para você.

Fazer contato visual também é importante. É impossível olhar para todos da plateia, então localize entre os presentes aquela pessoa que está sorrindo para você, receptiva, gostando de te ouvir. Encontre uma no meio da plateia, uma no lado direito e uma no lado esquerdo. Assim seu olhar cobre todo o espaço diante de si.

Além de tudo isso, lembre-se de sorrir para a plateia, como se estivesse acontecendo a melhor coisa na sua vida. As pessoas se lembram muito mais daqueles que sorriem do que daqueles que ficam sérios. Os sorrisos ativam um sistema do cérebro que se chama sistema de recompensa. Um sorriso genuíno transmite que você é uma pessoa calorosa e digna de confiança, e você passará muito mais receptividade para a plateia.

As pessoas sempre se lembrarão de como você as fez sentir, logo, capriche ao mostrar expressões faciais e gestos que veiculem emoção. Cuidado para não fazer gestos que discordem do que você está falando: "sim" com a cabeça, mas "não" com as palavras, por exemplo. E tente não compensar sua ansiedade com tiques ou atitudes repetitivas, como mexer no cabelo ou na orelha. Isso tira a atenção do ouvinte em relação ao que você está dizendo.

Por fim, vale lembrar que a beleza está nos olhos de quem olha. Sua atratividade para o público é uma junção de fatores verbais e não verbais. O espaço que você toma para si e a atitude de abertura e entusiasmo comunicada pelo seu sorriso impressionam a plateia. As pessoas olham um conjunto de sinais: beleza, pensamento, empatia. A atitude completa a beleza.

O que vestir?[4]

Muitas pessoas, quando se deparam com uma oportunidade de palestrar ou participar de alguma apresentação corporativa, têm dúvidas sobre o *dress code*. Considerando que a roupa que vestimos é uma forma de expressão nas situações em que a visibilidade é alta, é preciso refletir bem sobre o que vestir. A roupa vai complementar sua imagem diante do público, e sua imagem é sua marca pessoal: ela vai ficar na cabeça de quem assiste.

Em primeiro lugar, é preciso pensar nos aparelhos que serão utilizados. Por exemplo, se for um microfone de lapela,

---
4. Seção escrita com a contribuição da consultora de estilo Ucha Meirelles.

FALEI SEM PENSAR

usar um colar grande ou qualquer fio de crachá pode causar ruídos sonoros no momento da fala, assim como pulseiras grandes ao utilizar microfone de mão. Vale também ficar atento ao espaço: sempre gosto de visitar com antecedência o lugar em que ocorrerá o evento; porém, se isso não for possível, tente pesquisar sobre palestras feitas anteriormente no local e observar como as pessoas estavam vestidas. E se pergunte, em caso de viagem: que temperatura faz lá?

Perceba que a questão do que vestir precisa considerar cenário, conteúdo e objetivos de quem está falando. Não existe certo e errado, e sim o que é mais adequado para cada contexto. Se for um evento corporativo, terno, camisa, calça social e blazer funcionam bem para os homens; para as mulheres, calça social e camisa ou um vestido midi sem decote e com manga (nada de regata ou blusa de alças). Tecidos com caimento estruturado transmitem seriedade. Por outro lado, se o evento for muito casual, vestir-se assim pode até causar um impacto contrário e limitar a interação com os espectadores. Desse modo, opte por *looks* que transmitam leveza. Para mulheres, é bom evitar transparências, bem como roupas rendadas, decotadas e apertadas. Para homens, evitem calças justas demais, camisetas tipo regata ou camisetas com inscrições alusivas a alguma causa fora do contexto do evento. Na dúvida, é só eliminar os excessos.

O foco deve ser direcionado para seu rosto e fala, então, no caso das mulheres, uma maquiagem que realce o rosto (sem exageros) é essencial. Como geralmente ficamos em pé nas palestras, recomendo usar sapatos confortáveis (mulheres: evitem salto muito alto!). Para homens, vale a pena observar se o rosto não está brilhando ou com transpiração.

As mesmas regras do que evitar em uma primeira entrevista de emprego valem também para palestrantes. Portanto, evite usar estampas chamativas, cores muito vibrantes, roupas curtas ou amassadas, acessórios exagerados ou barulhentos, enfim, qualquer coisa que possa desviar a atenção dos espectadores. Isso vale para homens e mulheres: sempre lembrar o tipo de evento, a profissão que exercem, a roupa na qual se sentem mais à vontade e o tipo de mensagem que querem que a roupa comunique. Se tiverem um cargo mais formal, como advogado, juiz, diretor de uma empresa, melhor apresentar-se com roupa mais social. Você se lembra de como Steve Jobs comparecia para falar do iPhone e de cada atualização de seus produtos? Sempre de jeans, camiseta e tênis, pois ele se sentia à vontade assim e queria passar essa imagem casual, descompromissada com a roupa. Se é isso que quer, vá em frente e escolha roupas bem passadas.

Vale também sempre levar um casaco ou paletó caso esfrie ou o ar-condicionado esteja muito forte. E deixe aberto: casacos fechados podem passar a ideia de pouca abertura. Evite mangas bufantes ou largas demais – ficar arrumando as mangas, os ombros, a alça do sutiã, tudo isso pode distrair e incomodar você.

É importante sentir-se bem com sua imagem pessoal e com o que estiver vestindo, pois no momento da fala essa confiança faz toda a diferença. Então, evite usar um estilo ou um tipo de roupa que nunca vestiu. Você deve estar confortável com sua escolha. Quanto mais confortável estiver, mais fácil vai ser focar na sua fala.

Ah, e não se vista de acordo com o que você é hoje. Vista-se segundo aquilo que você quer projetar. Tenha a ideia do que você quer representar para aquelas pessoas.

Em suma, o que você veste é tão importante quanto o que fala, e sua roupa pode tanto ajudar como atrapalhar; depende do cuidado e da direção que você dá a ela.

Para encerrar a conversa

Algumas dicas finais que você pode aproveitar para aprimorar sua habilidade de falar em público:

- Falar é sempre uma decisão. O silêncio pode ser bastante útil em diferentes contextos. Você não tem domínio sobre o assunto que está sendo discutido? Então, o silêncio e a escuta cairão muito bem. Se alguém lhe perguntar algo diretamente, você pode responder: "Ainda não tenho opinião sobre esse assunto". Ninguém precisa saber tudo, e você não precisa ter a resposta para todas as questões do mundo.
- Nem todos estão prontos para ouvir o que você tem a dizer, nem todas as plateias serão fáceis e eventualmente podem discordar de você. Saiba conhecer a plateia antes de falar e só encare aquelas que você já sabe que serão hostis caso tenha algo que faz questão de falar, procurando sempre manter seu estado interior tranquilo.
- Evite discordar publicamente. Seja elegante: "Meu colega apresentou uma outra opinião sobre o assunto". Agradeça a contribuição. Agradecer tem efeito neutralizante. Para que comunicar agressividade ou perder o controle verbal? Comunique paz, tranquilidade.
- Quando alguém faz uma pergunta um pouco confusa, evite dizer: "Não, eu não falei isso". Tanto a pessoa pode ter ouvido mal como você pode ter se expressado com pouca exatidão. Agradeça a fala da pessoa e expresse o que você queria que ela tivesse entendido.
- Se estiver em uma mesa-redonda ou reunião, evite falar em todas as oportunidades. Se você fala

sempre e de maneira excessiva, sua fala acaba perdendo o valor. Tem pouco a falar sobre o assunto em questão? Fale pouco. Não tem nada a falar? Silencie e ouça.

- Cuidado com mensagens negativas e agressivas enviadas em momentos de grande emoção. Isso é mais importante do que nunca nos dias de hoje, quando tudo pode ser gravado e reproduzido.
- Falar mal de seus desafetos? Para quê? Em vez disso, comunique harmonia e boa vontade!

Capítulo 8
Lidando com conversas difíceis e situações delicadas

Sabe aquela sensação de soco na boca do estômago ou de nó na garganta antes daquela conversa nada básica? Por exemplo, antes de pedir um aumento para o chefe, ou de dizer a seu colega de trabalho que ele não está trabalhando duro no projeto tanto quanto os outros da equipe, ou ainda de falar abertamente que o odor da(o) amiga(o) está fora do normal ultimamente?

Uma conversa difícil acontece quando a outra pessoa tem um ponto de vista que difere do seu, ou quando um ou ambos se sentem inseguros de alguma maneira. Se você já teve que dar um feedback difícil para um familiar, colega ou funcionário, ou se você se sentiu mal interpretado, injustiçado, enganado ou frustrado, sabe o que estou querendo dizer. Isso acontece com qualquer um, inclusive com os bons comunicadores.

Muitos interesses podem estar desalinhados por questões de trabalho, questões familiares, problemas de saúde, conflitos de personalidade, o eclodir de uma pandemia, diferenças políticas, entre outros. Desenvolver a consciência de que esses fatores podem afetar a abordagem de cada pessoa em determinada discussão nos permite encontrar meios de ajustar esses fatores da melhor forma possível.

Sete passos para se sair bem numa conversa difícil

Todo mundo costuma evitar conversas difíceis. Seja na hora de dar uma notícia ruim quando você tem medo da reação da outra pessoa, seja na hora de comunicar algo e ter receio de ser mal interpretado. Qualquer que seja a situação, você pode passar a informação e lidar com isso da melhor maneira possível. Você pode transformar uma pretensa conversa difícil em um diálogo produtivo. Veja como:

1. *Entenda o que torna a conversa difícil.* É a atitude do interlocutor? É a diferença de opinião? É uma questão de hierarquia? É uma questão de pouco conhecimento e você se sente inseguro perante as pessoas que aparentemente sabem mais? É o momento que traz incerteza para todos?
2. *Descubra qual o ponto-chave desse desafio que você está prestes a enfrentar.* É desenvolver um argumento? É persuadir? É conciliar opiniões para chegar a um consenso? É tentar discordar de uma maneira elegante?
3. *Identifique e gerencie as emoções que estão envolvidas.* Você pode sentir ansiedade quanto ao possível resultado do diálogo; pode se sentir ameaçado e temer ser humilhado; pode se sentir com medo de ser atacado, de perder um trabalho ou, ainda, uma amizade.
4. *Observe a situação como se você fosse uma pessoa externa a ela.* Examine os personagens envolvidos e tenha bem clara a cena principal, isto é, o contexto, a situação. Imagine que isso seja o enredo

de um filme e faça apostas sobre o desenrolar dos acontecimentos. Analise o que você e os outros podem perder e ganhar, dependendo de cada cenário. Isso vai lhe ajudar a enxergar o todo e expandir as possíveis soluções.
5. *Ouça atentamente seu interlocutor, sem interrupções*, e responda com empatia e expressão facial e corporal abertas: repita as três últimas palavras ouvidas mudando levemente a entonação com a qual o interlocutor as disse, olhando diretamente para ele com braços flexionados na altura da cintura e levemente separados do tórax e um esboço de sorriso compreensivo. Repetir as últimas palavras do interlocutor aumenta a identificação, incentiva a continuidade do diálogo e mostra a sua atenção.
6. *Encontre áreas que podem ser conciliadas* para se chegar a um acordo e as expresse claramente, repetindo a fala do outro e complementando-a com suas ideias, precedidas de uma destas expressões: "ao mesmo tempo", "de modo similar".
7. *Aprenda com os argumentos de seus interlocutores* e desenvolva novas habilidades. Lembre-se de que podemos sempre exercer a nossa curiosidade durante qualquer conversa e aprender. Aprendemos com nossos erros e com os erros dos outros! Anote ideias de diálogos e, assim, você ficará cada vez mais preparado para suas próximas conversas difíceis.

A arte de expressar desconforto em situações delicadas

Qualquer desconforto gera uma situação delicada. Veja o que aconteceu comigo. Certa vez, estava em uma reunião com mais duas pessoas, um homem e uma mulher. Fomos

FALEI SEM PENSAR

todos apresentados, e ele passou a reunião toda me chamando por um nome que não era o meu. Ele estava tão entusiasmado conversando comigo que fiquei sendo a pessoa que ele imaginava até o final da reunião. E simplesmente não consegui dizer que meu nome não era Thais. Quando acabou, eu agradeci muito, disse que tinha gostado dos pontos de vista dele, que tinha sido um excelente encontro! Dei meu cartão e, ao vê-lo, ele disse, "Mas você está me dando o cartão da Ana Alvarez", e eu falei, "Pois é, eu sou a Ana Alvarez". Claro que ele ficou constrangido. Na hora, pensei que, se eu tivesse esclarecido isso logo de cara, talvez tivesse evitado a situação difícil do final.

Vou contar outra situação, agora na outra ponta do espectro. Eu tenho alergia a camarão e, certa vez, em um almoço de cerimônia, o chef chegou à nossa mesa e perguntou se alguém tinha alguma alergia. Eu poderia ter ficado calada. Resolvi dizer: "Muito obrigada por ter perguntado, eu de fato tenho alergia a camarão, espero que isso não seja um transtorno para você". Ele imediatamente falou: "De forma alguma, temos outro prato aqui esperando por você!".

Qual das duas situações você diria que foi a mais constrangedora? Claro que a primeira, não é?

Expressar desconforto em situações sociais é sempre desafiador. No trabalho, certamente você vai fazer de tudo para permanecer calado em algumas situações. Em família talvez você expresse desconforto com maior facilidade, pois são muitas as situações que têm o potencial para se tornarem desagradáveis e não podemos o tempo todo evitar o desconforto simplesmente nos calando. Até porque concordamos anteriormente em sermos a favor da expressão das emoções e, portanto, gerenciá-las pode se tornar nossa melhor habilidade.

Conserve em mente que a vida em conjunto tem que ser boa para os outros, mas tem que ser boa em primeiro lugar para você mesmo. Quando consegue expressar de maneira leve seu desconforto, a comunicação flui e você se sente mais confiante. No exemplo que comentei acima – em que fui chamada de outro nome durante a reunião inteira e não quis contrariar o anfitrião temendo que ele ficasse chateado comigo logo de início –, eu deveria ter pedido licença e falado meu nome. A suposição de um leve aborrecimento por parte dele e o temor de que isso levasse a uma reunião mais difícil me deteve e eu senti pouco conforto durante todo o tempo. Para quê? Para evitar prejudicar o possível resultado de uma reunião?

As pessoas que têm medo de expressar seu desconforto sentem-se permanentemente prejudicadas e, eventualmente, acabam sendo de fato preteridas, esquecidas, ignoradas em seus desejos – fora as toneladas de preocupações e de pensamentos que vêm junto com esse tipo de medo. E, depois, vêm a raiva e o ressentimento porque "minha colega nem percebeu como eu estava me sentindo" ou "meu chefe não me valoriza" ou "todo mundo deveria saber que eu detesto comida japonesa". Na verdade, ninguém tem que saber, talvez sequer percebam, a menos que você consiga... FALAR!

Esqueça as indiretas, a ironia, os silêncios ressentidos: as chances são de que ninguém esteja olhando! Ao contrário, esse tipo de atitude cria problemas para você e para os outros. Ser direto e claro pode ser mais difícil no início. Certamente. Por outro lado, é muito mais eficiente: você comunica o que é importante – e o que incomoda você – e evita mal-entendidos.

Expressar desconforto é uma arte e demanda ciência. E, se você tem essa dificuldade, saiba que a imensa maioria das pessoas se sente desconfortável ao expressar discordância. Certo embaraço ou vergonha ao defender nosso ponto de vista de uma forma que seja ao mesmo tempo assertiva e que acolha a opinião do outro é uma característica mais comum do que você imagina. Porque sempre que apoiamos com força nossas ideias, seguramente, de alguma forma, provocamos um desagrado no outro. Além de enfrentar seus receios, é preciso polir sua fala. Muitas pessoas têm mania de contar uma longa história ou tecer um longo pano de fundo antes de se colocar ou expressar seu desconforto. O ideal é sempre ir direto ao assunto, indicando onde quer chegar, qual é o objetivo da fala. Ou seja, sem verborragia.

Falar o que queremos, com assertividade e sem magoar ou se alongar, é nosso objetivo nesse tipo de situação. Uma boa alternativa para ser assertivo e ao mesmo tempo agradável é mostrar que você apreciou um ou dois ensinamentos da pessoa e agradecer muito. Em seguida use a sempre útil expressão "ao mesmo tempo" seguida de "desejo esclarecer um ponto, de que você certamente entende". E, então, diga o que quer.

O segredo é começar com passos pequenos. De início, você precisa identificar corretamente a questão. Seu problema não é apenas querer um aumento de salário; é sobretudo não conseguir ir negociar um aumento de salário com seu chefe. No fundo, são duas dificuldades, e distingui-las ajuda a resolvê-las. Veja só: se você achar que a dificuldade é só o aumento do salário, a chance de você colocar essa realização na mão de alguém é imensa! Ao mesmo tempo, se você conseguir identificar com clareza as razões do seu desconforto, conseguirá lidar com elas de forma mais positiva.

Vejamos o caso da economista Anita, 34 anos, que atua no mercado financeiro. Ano passado um dos sócios da empresa onde ela trabalha a procurou para colaborar em um projeto que ele estava desenvolvendo. Ela aceitou e deu excelentes contribuições, tanto que, alguns dias mais tarde, na apresentação, percebeu que todas as suas ideias tinham sido usadas, mas que seu nome sequer havia sido mencionado. Obviamente isso deixou Anita bastante aborrecida. Mas era um dos sócios da firma. E ela ficou quieta. Este ano, em meio a rígidas medidas de contenção econômica, a situação se repetiu. O sócio a chamou e ela estava totalmente insegura em relação à forma de conduzir a questão. Era um momento de crise econômica, onde todos deveriam fazer sua parte para contribuir para o futuro da empresa. E ela se perguntou: devo ficar quieta de novo? Meu conselho para Anita: nada de ficar quieta, use a estratégia do sanduíche.

A primeira camada do sanduíche é o pão, a base de tudo, que é o reconhecimento elogioso. Assim, ela poderia começar a expressar seu desconforto da seguinte forma: "Fulano, gostei muito de quando trabalhamos juntos no ano passado e achei incrível a forma como transformou minhas ideias iniciais".

A segunda camada, o recheio, é onde a sua opinião deve ser colocada: "Como este ano estamos trabalhando com temas semelhantes, e como já vimos que nossas ideias coincidem, que tal conciliarmos nossos interesses e, desta vez, apresentarmos uma proposta inteira feita por nós dois?".

Na terceira camada, vem mais pão, para arrematar a conclusão: "Porque, realmente, se no ano passado a proposta ficou tão boa, neste ano, com nossa colaboração, poderemos fazê-la ainda melhor!".

Se nem a própria Anita conseguia defender suas ideias, então qual seria o problema de o sócio se apropriar delas sempre que quisesse? Preste atenção à estratégia usada: a primeira parte da conversa é para desarmar o interlocutor, estabelecer um ponto de convergência. O que chamamos de "recheio" é o que realmente importa, porque é nesse momento que você vai dizer aquilo que deseja e colocar seu ponto de vista – e é também nessa hora que você precisa fazer uma proposta de conciliação. Finalmente, a terceira camada do sanduíche retoma a afirmação da necessidade de conciliar interesses em nome do bem comum. Gostou?

Outro dia, li no jornal que uma mulher havia sido esfaqueada após uma discussão com outra mulher no ônibus. O conflito começou porque uma estava falando alto demais no ônibus enquanto a outra queria dormir. A briga chegou a tal ponto, com os outros passageiros tomando partido de uma ou de outra, que a mulher que queria dormir tirou da bolsa uma faca e atacou a outra. Um exemplo extremo para você ter em mente: se ela soubesse expressar desconforto em um momento difícil, será que isso teria acontecido?

Um lembrete final: no Apêndice, ao final do livro, você encontra um teste para verificar a quanto anda sua capacidade de reação diante de situações de desconforto. Vale a pena fazer e refletir.

4 lembretes para situações delicadas

- Para começar é mais fácil mandar e-mail a fim de sinalizar a necessidade da conversa? Então comece assim e agende uma conversa presencial. Se for confortável a você, já diga o tema e convide a pessoa para um café. Alguns assuntos só devem ser conversados cara a cara.
- Discordar é diferente de confrontar. É conseguir expor opiniões diferentes e conversar, trocar ideias.
- Você pode ser assertivo sem deixar de ser gentil.
- As pessoas podem ou não gostar de você, quer você seja ou não assertivo, quer você tenha razão ou não.

Convivendo em harmonia

A neurocientista brasileira Suzana Herculano-Houzel nos lembra de que conviver em harmonia demanda avaliar e considerar as preferências, sugestões, crenças e intenções dos outros. Diante delas, nós refletimos e exercitamos nossa competência para colocar em prática o que acreditamos ser conveniente e confortável para nós. E, no que diz respeito a nos colocarmos no lugar de parentes, pares, colegas e amigos em cenário adverso, relembro que a neurociência esclarece que temos duas alternativas para isso e que envolvem áreas diferentes do cérebro:

- Se a pessoa tem conduta semelhante à nossa, nós a consideramos uma extensão de nós, então usamos nossas próprias crenças e escolhas para julgá-la e avaliar seus comportamentos.
- Se a pessoa adota uma conduta muito diferente da nossa, usamos um padrão de pensamento lógico para julgá-la, o mesmo que se usa para resolver desafios de lógica ou problemas de matemática.

Vejam que interessante: julgamos o próximo à nossa semelhança desde que percebamos similaridades entre seu comportamento e o nosso. Então o que fazer? Que tal buscarmos uma característica comum em que os interesses possam se unir? Vale desde interesse por música até mesma cor de roupa, mesmo gosto culinário, e assim por diante. Assim que o interlocutor percebe uma similaridade, a conversa fica mais fácil e proveitosa.

Comunicação em situações de crise

A vida é movimento descontínuo, inconstante e intermitente, já dizia Michel de Montaigne. Repentinamente seu fluxo pode ser interrompido por qualquer tipo de crise que rapta o conforto da rotina do cotidiano.

Mas como entender uma crise? Crise é uma ruptura na nossa rotina por qualquer motivo que seja mais forte que nosso bem-estar em equilíbrio. O caos gerado por uma inundação ou por um incêndio; uma doença na família; uma fraude na empresa em que trabalhamos; uma mudança trágica no cenário político; o falecimento de uma pessoa querida; o fim de um relacionamento amoroso; e até uma pandemia completamente inesperada, como a que vivemos em 2020-2021.

Num momento de crise, coisas que antes aconteciam de maneira corriqueira passam a gerar respostas diferentes em nós. Uma das maneiras de você lidar com a crise dentro de você, na sua comunicação intrapessoal, é celebrar algo que andava inexistente na sua rotina e que a crise tenha revelado de forma mais evidente. Outra maneira é pensar que crises são passageiras. Dou um exemplo pessoal: cozinho mal. Nos dias de distanciamento físico ocasionados pela pandemia, até que me arrisquei a seguir umas receitas rápidas e gostei do resultado. Ao mesmo tempo, penso que, passado o período crítico, poderei me deliciar com comidas mais saborosas. Comunicar verdade e conforto durante uma emergência ou situação de crise é um dos elementos mais importantes que podem nos ajudar a vencê-la.

Já na relação com os outros, ter uma estratégia de como comunicar um evento incomum com grande potencial de produzir reações de estresse, ameaça e medo é o elemento-chave de qualquer ação, seja diante dos funcionários de uma empresa, da população em geral ou em sua vida privada.

Durante uma emergência, é essencial que cada um de nós perceba que tem a sua parte de responsabilidade. Nesse cenário, é primordial que a comunicação geral do fato seja primeiro alinhada internamente para que então seja comunicada a todas as partes interessadas. A pessoa encarregada de conversar com todos será aquela que estiver mais preparada para comunicar fatos em um ambiente de incertezas, mais confortável com o futuro e também a que saberá expressar alento, verdade e estabilidade. Essa pessoa será a voz que será ouvida, logo, há dois fatos a se considerar:

1. É importante fugir do chamado pensamento positivo excessivo, porque alguns desavisados podem recorrer a uma imaginação mágica e desconsiderar ou até omitir a realidade da informação.
2. Evite transmitir ameaça e medo, pois eles paralisam e podem despertar desânimo e agressividade. É imperativo comunicar a situação de emergência descrevendo a realidade, mas sem todos os detalhes e minúcias que poderiam levar a mais pânico e, com isso, piorar a sensação de todos. Nessas horas, a síntese é importante, assim como uma nota de esperança e de confiança na ação dos envolvidos.

Seria tão bom se todos tivéssemos um protocolo para pautar nossas falas e ações, mesmo em situações nas quais o imprevisto nos ameaça... Um script, um enredo para seguir. Imagine se você soubesse sempre o que dizer, se houvesse uma norma que fosse boa para todos. Seria ótimo, mas não é tão simples assim. Sempre vão existir dificuldades para se colocar, ainda mais em situações fora do usual. Logo, o que podemos fazer é imaginar e praticar estratégias para lidar com situações de crise. Transmitir confiança sempre é fundamental.

Determinadas empresas até têm um manual de comunicação destinado a todos os funcionários, um protocolo, inclusive para gerir crises. No entanto, como as pessoas são diferentes entre si, sempre vão existir algumas com facilidade e outras com dificuldade para se colocar seguindo o manual. O importante é: se você defende a missão e os objetivos da empresa onde trabalha, adapte-se à cultura.

Cuide de você

Em primeiro lugar, durante as crises, é essencial cuidar de si próprio e de seus pensamentos. Inicialmente pode ser difícil manter a rotina. Por isso, é importante ligar-se a coisas que se pode controlar, como horários de refeições, exercício físico e sono, pois isso lhe dará um senso de normalidade. A comunicação intrapessoal, ou seja, a conversinha que você tem a todo momento com você mesmo, assume grande importância: fale com si próprio escolhendo palavras gentis e sinceras e usando persuasão. Sua comunicação interpessoal estará alinhada na medida em que sua comunicação intrapessoal estiver bem planejada. Se você sentir ansiedade, imagine o que diria a um amigo que estivesse vivendo a mesma situação que você enfrenta e crie um mantra que diga que tudo é como tem que ser e que você vai sobreviver a isso e a muito mais. Eu, por exemplo, nos meus dias mais difíceis, canto com a Gloria Gaynor: "I will survive!". Eu vou sobreviver!

Faça listas do que você já fez e marque em outro papel o que deverá fazer dentro de um cronograma responsável e ao mesmo tempo generoso com o tempo. Situações prolongadas de crise podem fazer você sentir-se sobrecarregado emocionalmente com todas as mudanças que deve implementar. Identifique tarefas pequenas que possa começar e terminar no mesmo dia.

Um cuidado especial deve ser adotado em relação à mídia em geral. Evite ficar ouvindo más notícias na televisão, em podcasts ou em mídias sociais. Tudo tem um limite: dois períodos de 30 minutos por dia, com um intervalo de, pelo menos, cinco horas, para não correr o risco de ficar ouvindo, ouvindo, ouvindo e tudo ficar girando e dando voltas recorrentes no cérebro.

Cuide de você e de seus pensamentos e comunique aos outros a sua aceitação da realidade; seu propósito; suas expectativas; as metas comuns; a valorização dos relacionamentos; a sua abertura a novas ideias e amplitude de pensamento; o poder de acreditarmos uns nos outros; a necessidade de autonomia; a confiança com otimismo; e a esperança nos processos da vida.

1. *Aceitação da realidade.* Quando nos defrontamos com situações hostis, é comum querermos fugir e desconsiderarmos a verdade, que muitas vezes nos parece injusta. Aceite a situação. Pense sobre ela, planeje ações positivas e comunique-as.
2. *Propósito.* Todos desejamos fazer parte de algo útil e valioso na vida para nós mesmos e para os outros. Ajude as pessoas a sentir que o que elas fazem traz a diferença para a família, para a comunidade, para o mundo. Certifique-se de que as pessoas possam entender bem qual é o seu propósito e a sua missão e como elas podem fazer parte deles. Mais importante ainda, ajude-as a ver por que se manter fiel aos próprios valores de vida é essencial em situações desafiantes. Pense se você já faz isso.
3. *Expectativas.* Todos queremos saber o que os outros esperam de nós e quais comportamentos são desejados e valorizados em cada momento. Quando as pessoas sabem o que é realmente esperado delas, pensam com mais foco e confiança e alcançam

maior produtividade. Seus familiares e companheiros de trabalho sabem o que você espera deles e o que devem esperar de você? Pense se antes da crise você teve tempo de conversar com cada um e ouvir as necessidades deles, esclarecendo suas expectativas quanto a lidar com dificuldades, manter uma boa convivência e conservar a produtividade.

4. *Metas comuns.* Todos somos naturalmente competitivos, mesmo que com nós mesmos; portanto, disponibilize colaboração para criar objetivos que façam com que as pessoas saiam da situação difícil. Seja no trabalho altamente criativo ou no mais repetitivo, alcançar objetivos comuns gera satisfação. Pense se as pessoas ao seu redor têm alvos claros nos quais mirar e prepare-se para colaborar dando sugestões.

5. *Valorização dos relacionamentos.* Manter os relacionamentos é muito importante em situações difíceis. Todos queremos nos sentir conectados aos outros, principalmente quando passamos por situações desafiantes, e a família e o trabalho são lugares lógicos para atender a essa necessidade – afinal, passamos mais horas no trabalho e em casa do que em qualquer outra atividade. Sua família mantém relações próximas e afetivas? O ambiente de trabalho permite e incentiva o desenvolvimento de relações amigáveis que possam servir de suporte aos funcionários? Seus familiares e colegas sentem uma conexão pessoal com você? Você tem espaço para compartilhar suas sensações e buscar cooperação e apoio neles? Reflita e comunique a sua observação a você mesmo.

6. *Abertura a novas ideias e amplitude de pensamento.* Todo mundo tem ideias que gostaria de

eventualmente compartilhar. As pessoas que vivem e trabalham com você podem ter perspectivas valiosas que talvez levem a diferenças significativas no enfrentamento de situações desafiadoras. Claro que será difícil implementar todas as ideias ou aceitar todas as sugestões. Ao mesmo tempo, se você pedir e valorizar abertamente essas ideias, algumas o ajudarão a enfrentar as crises – e o processo de você tomar a iniciativa de pedir envolverá as pessoas de uma maneira poderosa. Reflita se sua postura de comunicação encoraja as pessoas a compartilhar ideias, principalmente em momentos de crise.

7. *O poder de acreditarmos uns nos outros.* É sempre bom estar perto de pessoas que acreditam em nós. Quando sabemos que aqueles ao nosso redor desejam nosso bem e acreditam que temos capacidade de alcançar o melhor, nós nos esforçamos muito mais, sobretudo nos momentos difíceis. Reflita se você acredita na capacidade e no potencial de seus familiares e colaboradores. Se sim, eles sabem disso? Você comunica essa crença nos momentos desafiadores?

8. *Autonomia.* Mesmo no trabalho mais regulamentado e orientado por procedimentos, há espaço para liberdade e escolhas pessoais. Você está dando aos familiares e colaboradores a chance de se expressar e fazer ajustes em momentos difíceis? Você sempre pode criar um ambiente que favorece a autonomia. Verifique se comunica transparência e mostra confiança na iniciativa das pessoas que convivem com você.

9. *Confiança com otimismo.* Todos gostamos de ouvir boas notícias. Transmitir sensações positivas é

imprescindível em situações desafiadoras. Comunicar otimismo – por exemplo, mostrar possíveis saídas para a crise e soluções prioritárias, ainda que temporárias – faz com que se desencadeiem no cérebro sensações de gratidão, que podem mudar a maneira como ele funciona, e boas ideias podem surgir daí. Lembre-se de que a confiança é a condição essencial para que as sociedades prosperem e os indivíduos se unam, como já diria Francis Fukuyama. Reflita sobre isso, seja transparente e confiante na sua comunicação e mostre confiança mútua para se chegar à reciprocidade coletiva.

10. *Esperança*. Todos aspiramos a um futuro favorável. Transmita esperança! Examine a história, seja consciente de tudo o que já aconteceu conosco e transforme sua fala em pílulas de esperança. Aprender e ensinar novas habilidades são provas de esperança no futuro. Faça predições, monte diferentes cenários e planeje, mesmo que o amanhã se mostre incerto. Pense nas seguintes palavras e as repita: "Isso vai passar. Vai passar porque tudo na vida passa".

Por fim, tenha em mente que a maneira como nos comportarmos durante a crise determinará o fluxo do restante de nossa vida!

Capítulo 9
Como escrever bem

Parabéns! Você está aprimorando a cada dia o modo como se comunica com as pessoas à sua volta. Seu aperto de mão não é frouxo nem forte demais, você olha nos olhos, sorri, escuta ativamente o que o outro fala e coloca-se de maneira assertiva e sem agressividade. Porém, na hora de mandar um e-mail ou mensagem de celular, ou de escrever um post na rede social... a comunicação torna-se truncada, confusa, agressiva, redundante? É hora de falarmos da comunicação escrita.

A primeira coisa que você deve fazer é pensar na importância do que está sendo dito e com quem você está falando. É uma mensagem para a família, mas referente a um dado importante, como "Com quem estão as chaves da casa?". Atente-se para não haver ambiguidade na sua escrita. Uma vírgula mal colocada ou um texto escrito às pressas, sem os detalhes necessários, pode confundir o interlocutor: você não comunica o que queria ter comunicado, e depois não adianta culpar o interlocutor por tê-la interpretado mal. Por exemplo, você quer combinar um encontro com seu irmão em algum lugar e escreve a ele assim: "Às dez lá naquele posto". Ele saberá se é às 10h da manhã ou da noite? Ele saberá a que posto exatamente você se refere? Se for uma mensagem para a chefia ou um post numa rede social que pode ter um alcance imprevisto, tenha cuidado redobrado. Cheque a grafia das palavras – o dicionário é o melhor amigo da comunicação escrita. Fique longe da linguagem chula, palavrões ou agressividade de qualquer tipo. Falar mal de alguém nas redes sociais? Para que mesmo?

A intimidade com o interlocutor permite escrever de um jeito solto? Aproveite. Mas, de modo geral, procure ser claro, sucinto, econômico e atento à ortografia e à pontuação. Está nervoso, tenso, indignado com algo? Respire fundo antes de mandar a mensagem ou deixe o post para outro momento.

Aspectos técnicos

Para examinar, caracterizar e relatar a eficiência da linguagem escrita (e também oral, aliás), adota-se um paradigma descritivo composto de sete parâmetros do campo da linguagem:

1. *Fonologia*, que se refere à emissão e recepção dos sons da língua, que na comunicação escrita se refere à decodificação da leitura e ortografia. A partir do Novo Acordo Ortográfico de 2009, tornou-se obrigatório o uso de um único formato de língua portuguesa em todos os países lusófonos. Se não é o que você, leitor, aprendeu nos tempos de escola, é importante sempre verificar a ortografia para ver se está adequada.
2. *Semântica*, que diz respeito ao significado da mensagem. A mensagem escrita faz sentido? Está compreensível para o interlocutor? Na hora de redigir uma mensagem ou comunicado, tente sempre

pensar em responder às cinco perguntas, para que seu texto transmita os pontos mais importantes: O quê? Quem? Quando? Onde? Por quê?
3. *Pragmática*, que se relaciona ao contexto em que a mensagem é transmitida e aos efeitos práticos que a mensagem pode gerar no interlocutor, ou seja, tem a ver com a interpretação que ele faz do que você acabou de dizer ou escrever.
4. *Sintaxe*, relacionada à estrutura frasal e sequencial da mensagem veiculada. A frase está escrita na ordem direta (sujeito-predicado) ou está mais para o estilo vai e volta, podendo gerar mal-entendidos?
5. *Gramática*, que define as classes das palavras utilizadas na comunicação. Há profusão ou falta de classes gramaticais? Por exemplo, algumas pessoas usam adjetivos demais, outras não usam advérbios. Há erros de concordância ou de regência?
6. *Prosódia*, que avalia a qualidade da voz e da entonação vocabular e frasal na emissão oral e na sua transcrição na comunicação escrita, em aspectos relacionados à pontuação. As vírgulas e os pontos estão bem colocados ou há excesso? Ou falta?
7. *Comunicação não verbal*, em que os gestos e a expressão facial e corporal são avaliados em congruência com a mensagem; na comunicação escrita isso se expressa como o *layout* do texto: é amontoado? Tem espaços bem delimitados? Há parágrafos sempre no mesmo lugar?

Seja honesto com sua escrita, da mesma forma que foi com sua fala: há a necessidade de fazer um curso? Será proveitoso comprar uma gramática e estudar sozinho em casa? Se, no seu julgamento, a resposta é sim, vá em frente.

Escrever bem, assim como falar bem, é uma questão de treino. Outra dica é ler. Podemos colocar desta forma: se, para falar bem, é preciso ouvir os outros e perceber as características que você valoriza na fala deles, para escrever bem você precisa ler textos bem escritos.

Uso do e-mail: algumas dicas

O e-mail é o meio de comunicação mais utilizado hoje em dia nas empresas. Por meio dele, são transmitidas informações para clientes internos ou externos. A primeira coisa que você deve saber antes de começar a redigir um e-mail é: a linguagem dele depende do destinatário e do assunto. No caso da utilização do e-mail para o envio de uma carta a um cliente externo, por exemplo, a padronização estética de uma carta impressa é mantida, bem como a estrutura formal da mensagem, com apresentação inicial, desenvolvimento e conclusão. Quanto à linguagem, o grau de formalidade, em geral, será mais acentuado.

Por outro lado, quando o e-mail é enviado internamente na empresa e assume o papel de bilhete ou de contato telefônico, ele apresenta alto grau de informalidade na linguagem empregada, aproximando-se da fala. Vale lembrar, porém, que, quando ele assume a função de um memorando, verificamos um cuidado maior com o planejamento textual, com a gramática e com o grau de formalidade. Seja qual for o caso, o importante é ressaltar que a formalidade da linguagem será sempre determinada pelo assunto tratado e pelo destinatário da mensagem.

O maior problema observado hoje em dia nas empresas é que a informalidade chegou a um ponto em que o e-mail é redigido como se fosse uma fala despreocupada, apresentando má organização das ideias e falta de clareza. Como evitar que a mensagem se mostre descuidada, prejudicando a clareza das ideias e a imagem de quem redigiu? Para evitar isso, organize antes a sequência das informações que você deseja transmitir. Outro cuidado é não cometer erros gramaticais. Não se esqueça de que, embora informal, o texto é um documento empresarial. Por fim, uma importante dica: antes de apertar o botão "enviar", releia o que escreveu, para ver se está claro e se foi escrito corretamente.

Em relação ao uso do vocativo, são possíveis várias formas, dependendo do assunto, da formalidade e do destinatário. Exemplos: "Olá, Jorge"; "Bom dia, Jorge" (nesses casos, atenção à vírgula!); "Caro Jorge"; "Prezada equipe" também são de bom tom.

Quanto ao encerramento, usa-se "atenciosamente" em e-mails mais formais e, em mensagens mais informais, dependendo da cultura da empresa e da intimidade com o destinatário, pode-se usar "um abraço".

Parágrafos e pontuação

Quer mandar um texto confuso e cansativo? Então, não quebre as ideias em parágrafos e não use ponto-final entre as orações: apenas separe-as por vírgulas (ou deixe-as sem pontuação). Pronto! Receita para um texto mal escrito. Junte isso com erros ortográficos, então...

Falando sério agora: esses dois erros são bem comuns. Às vezes, na pressa, a pessoa escreve como fala, e talvez venha daí o uso excessivo das vírgulas em vez do ponto-final. Observe este texto:

Oi Maria, tudo bem com você? Falei com o Joaquim ontem, ele está bem, as crianças também estão ótimas, ele sugeriu um almoço no sábado, você pode ir me fale, ah, me lembra de falar sobre aquela vaga ainda está disponível, beijos a todos! Débora

FALEI SEM PENSAR

É um texto informal, cheio de intimidade, mas veja como as ideias ficam mais organizadas e a leitura mais agradável com a quebra das orações dos parágrafos e com a pontuação nos momentos corretos:

> Oi, Maria! Tudo bem com você?
> Falei com o Joaquim ontem. Ele está bem, e as crianças também estão ótimas! Ele sugeriu um almoço no sábado. Se você puder ir, me fale.
> Ah, me lembre de falar sobre aquela vaga, parece que ainda está disponível.
> Beijos a todos!
> Débora

Dica simples: os sinais de pontuação dão respiro ao texto e a entonação correta ao que você quer dizer. A quebra do texto em parágrafos é importante para organizar as ideias. Encerrou aquele assunto e vai acrescentar outro? Quebre o parágrafo. Vai continuar no assunto, mas agora vai acrescentar um novo elemento a ele? Quebre o parágrafo.

Essa dica vale para todas as formas de comunicação escrita a que estamos acostumados, seja e-mail, mensagem pelo celular ou *inbox* nas redes sociais. Portanto, observe as mensagens que você enviou recentemente e as que enviará a partir de agora e sempre se pergunte: "Da forma como escrevi, estou passando uma mensagem clara e a mais assertiva possível?". Se sim, envie. Em caso negativo, reescreva. Caso já tenha enviado a mensagem, escreva outra começando com "Em outras palavras..." ou "O que quis dizer foi...". O mesmo serve para os áudios enviados. Atualmente as plataformas de comunicação estão inserindo opção de áudio em suas mensagens e esta é uma ótima ferramenta de auto-observação da comunicação e de aperfeiçoamento pessoal. Use-as a seu favor. Você sempre pode ouvir novamente os áudios que gravou para ver se estão claros e, com base nisso, pode corrigir eventuais problemas de organização da mensagem que quis transmitir.

Vício em reticências

Assim como há aqueles que separam as orações por vírgulas intermináveis, há quem prefira fazer isso com reticências. Também fuja desse mau hábito. As reticências servem para indicar interrupção em um pensamento, ou então para indicar hesitação, surpresa, dúvida, tristeza. E nem sempre é isso que você quer transmitir em sua mensagem, não é mesmo? Fora as pessoas que usam reticências duplamente, sinal que nem é previsto na nossa gramática. Veja como o texto fica cansativo:

> Oi, Marcela... Te procurei ontem, mas você não estava na sua mesa...... Você pode tomar um café hoje mais tarde???? Me telefona depois... Um beijo......

A mensagem acima denota extrema ansiedade e tristeza pela ausência de Marcela. É isso mesmo que você quer transmitir? Além do mais, o excesso de pontos de interrogação pode denotar impaciência (assim como excesso de exclamações soa como braveza). Veja se não seria melhor assim, de forma mais direta:

> Oi, Marcela!
> Te procurei ontem, mas você não estava na sua mesa... Você pode tomar um café hoje mais tarde? Me telefona depois. Um beijo!

Muito melhor, certo?

FALEI SEM PENSAR

Uma historinha sobre pontuação

"Deixo meus bens a minha irmã não a meu sobrinho jamais será paga a conta do padeiro nada dou aos pobres."

Nessa história, um homem rico escreveu seu testamento à beira da morte e, sem conseguir fazer a revisão e pontuar corretamente, faleceu. Restou-se a dúvida: a quem de fato ele deixava sua fortuna? Os concorrentes então iniciaram seus pleitos, à sua maneira:

1. O sobrinho fez a seguinte pontuação: "Deixo meus bens a minha irmã? Não! A meu sobrinho. Jamais será paga a conta do padeiro. Nada dou aos pobres".
2. A irmã chegou em seguida e pontuou assim o escrito: "Deixo meus bens a minha irmã, não a meu sobrinho. Jamais será paga a conta do padeiro. Nada dou aos pobres".
3. O padeiro pediu cópia do original e se beneficiou: "Deixo meus bens a minha irmã? Não! A meu sobrinho? Jamais! Será paga a conta do padeiro. Nada dou aos pobres".
4. Aí chegaram os pedintes da cidade. Um deles, sabido, fez a interpretação: "Deixo meus bens a minha irmã? Não! A meu sobrinho? Jamais! Será paga a conta do padeiro? Nada! Dou aos pobres".

Veja agora esta frase escrita na porta de um centro de ajuda comunitária a usuários de substâncias químicas: "Problemas? Com drogas podemos te ajudar". A redação da frase mudou totalmente o propósito da comunicação, que, com a pontuação correta, seria: "Problemas com drogas? Podemos te ajudar".

Nesses dois casos, a pontuação deu o tom e o entendimento das frases, pois as palavras mantiveram-se as mesmas, mas o significado mudou. Uma questão: podemos sempre esperar que as pessoas compreendam nossas mensagens da mesma maneira que planejamos? As palavras por si só não têm significado; quem dá o significado é quem as ouve ou lê, associando-as ao contexto, às suas expectativas e ao seu conhecimento prévio.

Uma das grandes interpretações dessa historinha da pontuação é que cada um de nós, para evitar eventuais confusões, pode sempre ler o que escreveu em voz alta, fazendo a ênfase do que deseja expressar usando a voz e os gestos, porque, ao fazer isso, você mostrará a si mesmo onde colocar a pontuação na mensagem. Muitas confusões em mensagens de texto via celular podem ser evitadas se estivermos alertas à pontuação e ao real significado do que queremos comunicar. Isso é também verdadeiro para a seleção dos emojis da mensagem, pois nem sempre *sniff* e uma lágrima querem dizer "meus pêsames" ou "sinto muito", e nem sempre um sorrisinho diabólico significa "bem feito". Às vezes, é melhor escrever algo a apenas usar emojis.

Etiqueta nas mensagens de texto pelo celular
A ideia principal das mensagens enviadas por aplicativos é simplificar e ser claro. Veja algumas dicas:

- Preste atenção no que escreve. Releia antes de clicar em enviar, porque o corretor ortográfico às vezes modifica muito a sua escrita, e seus possíveis erros podem gerar mal-entendidos e até arranhar sua imagem profissional.

- Escreva de forma resumida, dando espaço entre os assuntos, falando apenas o necessário.
- Evite tornar a conversa interminável! Lembra-se daquela típica conversa entre namorados antes de desligar o telefone? "Desliga você!", "Não, você primeiro". Nas mensagens, um manda um abraço, você manda uma flor, o outro responde, e por aí vai...
- Use emojis sempre com parcimônia, para não soar infantil.
- Evite excesso de pontos de exclamação e interrogação: só um basta, senão você pode soar agressivo ou ansioso demais.
- Cuidado com as letras maiúsculas: palavras escritas inteiramente dessa forma soam como se fossem gritos.

Os aplicativos de mensagem foram feitos para simplificar, e não criar despedidas sem fim. Também não foram criados para causar má impressão no outro, então nada de dar um fim horroroso, ofendendo o receptor da mensagem e o bloqueando, como fez uma amiga, acabando seu namoro com uma mensagem ofensiva.

Quatro itens fundamentais na comunicação escrita

Há quatro itens que sempre devem estar presentes em suas mensagens, e-mails ou documentos por escrito:

1. *Foco na clareza.* Nunca deixe os destinatários imaginando qual foi a sua intenção. Decida antecipadamente o que você pretende transmitir, deixando de lado distrações ou informações irrelevantes que

possam se desviar da mensagem principal. No trabalho, isso é ainda mais importante. Por exemplo, não envie um memorando no escritório que, simultaneamente, repreenda os funcionários por demorarem no horário de almoço e felicite alguém pelo seu novo bebê. Estes são temas independentes.

2. *Seja breve.* Lembra do que falamos sobre atenção e tempo? Não desperdice nem uma coisa nem outra, pois as pessoas os têm cada vez menos. Nada de longas missivas que contenham comentários indiscretos e que poderiam ser facilmente encaminhadas ou mal interpretadas. Construa sua mensagem concisamente e de forma objetiva. Utilize parágrafos curtos e frases pequenas e escolha palavras simples.

3. *Cuide do tom.* Se o ambiente é profissional ou se você não tem muita intimidade com o interlocutor, o cuidado deve ser redobrado. Evite gírias, fofocas, piadas, linguagem casual e íntima demais ou abreviações excessivas e palavras sem acento.

4. *Releia o que escreveu.* Quanto mais importante (ou mais leitores tiver para sua mensagem), maior o cuidado. Erros de digitação, erros gramaticais, comentários excessivamente tagarelas ou afirmações irritadas? Faça as alterações necessárias, torne o tom mais leve, consulte o dicionário, tire dúvidas no Google.

Como começar?

Você tem dificuldade para começar a escrever mensagens ou responder a e-mails? Tente este passo a passo:

- Faça uma imagem mental do remetente ou do destinatário.

- Não o conhece? Crie um personagem para ele.
- Imagine que está olhando para ele e grave sua mensagem no gravador do celular.
- Ouça a mensagem e a organize em texto.
- Releia e organize alguns possíveis pontos de dúvida.

Pronto! Foi fácil?

Gramática: um resumo

VERBOS	EXPLICAÇÃO	EXEMPLOS
LEMBRAR/ LEMBRAR-SE	Os pronomes "me" e "se" pedem a preposição "de".	Lembro bem os detalhes da petição. Lembre-*se de* que precisamos ser pontuais. Lembrei-*me de* comprar o jornal.
VER/VIR	Ver: o futuro do subjuntivo é *vir*. Vir: o futuro do subjuntivo é *vier*.	Quando eu *vir* seu marido, eu lhe telefono. Quando você *vir* meu marido, me telefone. Quando eu *vier* de Paris, lhe telefono. Quando você *vier* de Paris, me telefone.

VIGER	Viger significa "estar em vigência".	O contrato deverá *viger* até dezembro de 2010.
CRER, DAR, LER E VER	Esses verbos, na terceira pessoa do plural, perderam o acento circunflexo depois da reforma ortográfica, mas mantiveram a duplicação do "e".	Eles creem Que eles deem Eles leem Eles veem
OBTER, CONTER E DETER	Na terceira pessoa do singular, esses verbos levam acento agudo. Já na terceira pessoa do plural, levam acento circunflexo.	Ele obtém/Eles obtêm Ele contém/Eles contêm Ele detém/Eles detêm
TER E VIR	"Ter" e "vir" continuam com acento na terceira pessoa do plural.	Ele tem/Eles têm Ele vem/Eles vêm
TERMINA- DOS EM -IAR	Esses são regulares na conjugação, com exceção do grupo "Mário", ou seja, "mediar", "ansiar", "remediar", "incendiar" e "odiar".	Eu medeio Eu anseio Eu remedeio Eu incendeio Eu odeio (se fosse regular, seria "eu ódio").
TERMINA- DOS EM -UAR e -OAR	Normalmente grafados com "e" no fim da palavra, e não "i".	Continuar – continue Efetuar – efetue

TERMINA-DOS EM -UIR	Geralmente grafados com "i" no fim da palavra.	Contribuir – contribu*i* Possuir – possu*i*
USAR, PÔR E QUERER	Não apresentam formas com a letra "z", apenas com "s".	Usei, pusemos, quisemos

OCORRÊNCIAS	EXPLICAÇÃO	EXEMPLOS
ABAIXO/ A BAIXO	Abaixo: um lugar de menor importância. A baixo: substitui-se por "até em baixo".	Ele está abaixo de mim. Olhou-me de alto a baixo.
À BEÇA	Expressão popular de intensidade.	Ele comeu à beça.
ACERCA DE/ A CERCA DE/ HÁ CERCA DE	Acerca de: sobre. A cerca de: aproximadamente (distância). Há cerca de: indicação de tempo.	Ele falou acerca do filme. O sítio fica a cerca de 10 km. Estive lá há cerca de dez dias. Cerca de 90 pessoas compareceram.
A FIM DE/ AFIM	A fim de: finalidade. Afim: afinidade.	Ele adotou a medida a fim de ser popular. Ele está a fim dela. Nosso conteúdo é afim.

À MEDIDA QUE/ NA MEDIDA EM QUE	À medida que: relação de proporção, equivalente a "conforme". Na medida em que: muitos gramáticos não aceitam essa expressão; alguns aceitam na relação de causa, equivalente a "uma vez que".	Ele cresce profissionalmente à medida que amadurece. Ele será promovido na medida em que souber comportar-se.
EM NÍVEL DE	Em nível de: refere-se a níveis hierárquicos.	A decisão foi tomada em nível de diretoria.
AONDE/ ONDE	Ambos se referem a lugar, mas se distinguem pela regência verbal. Onde: referente a local. Aonde: usado sempre que há a presença do verbo "ir".	Ele procurou o documento onde o salvou. Ele iria aonde o amigo fosse. Aonde você vai?
A PAR/ AO PAR	A par de: estar ciente. Ao par: reciprocidade, câmbio, ações.	Todos estavam *a par* do que acontecia. Houve época em que o câmbio da moeda brasileira esteve *ao par* com o dólar.

A PONTO DE	A ponto de: prestes a, até determinado ponto ou momento.	O prejuízo foi enorme, a ponto de levar a empresa à falência. Estressado, ele esteve a ponto de pedir demissão.
A RIGOR/ EM RIGOR	As duas formas estão corretas.	A rigor, as medidas não estão corretas. Em rigor, as medidas não estão corretas.
TODO + O/A/ TODO	Todo + artigo = inteiro. Todo (sem artigo) = qualquer.	As crianças querem presentes a todo momento. Elas comem a todo instante. Todo presidente deve ser honesto. Eu comi toda a torta (= a torta inteira).
BEM-VINDO/ BENVINDO	Bem-vindo: saudação. Benvindo: nome de pessoa.	Todos são bem-vindos. Benvindo Jasmin é cantor.
DE FÉRIAS/ EM FÉRIAS	Tanto faz usar a preposição de ou a preposição "em".	Ele saiu de férias. Ele saiu em férias.
EM FACE DE	Em face de: em decorrência de.	Em face do exposto, solicitamos sua aprovação.

EM MÃO(S)	Em mãos(s): maneira de entregar/receber algo.	O convite foi entregue em mãos(s).
EM TODO CASO	Em todo caso: expressão que designa concessão.	Em todo caso, solicitaremos o reembolso.
ESTE/ESTA/ ISTO	Refere-se a algo próximo ao falante, "aqui". Pode também indicar: - o último elemento citado. - o que vai ser anunciado adiante.	Esta comida não está boa. Durante esta semana, quase não dormi. Consultado o diretor, este não aprovou a medida. A decisão dependerá destes dados que seguem.
ESSE/ESSA/ ISSO	Refere-se a algo um pouco mais distante do falante, "aí". Pode também indicar: - um elemento que já foi mencionado. - um tempo passado.	Esse córrego aí vive transbordando. Esses argumentos citados comprovam a tese apresentada. Um dia desses esteve aqui o presidente. Nesse tempo eu era jovem e irresponsável. Não quero mais pensar nisso!
GROSSO MODO	Grosso modo: expressão latina de modo.	Grosso modo, podemos dizer que a inflação voltou.

PERCENTAGEM/PORCENTAGEM	As duas formas são corretas.	A percentagem de faltas foi de 10 por cento. A porcentagem de faltas foi de 10 por cento.
POR TODA A PARTE	Por toda a parte: expressão de lugar.	Os documentos estão por toda a parte.
TODA VEZ QUE	Toda vez que: sempre.	Toda vez que ele sai, chove.

USO DOS PORQUÊS

GRAFIA	QUANDO USAR	EXEMPLO
POR QUE	Em frases interrogativas diretas e indiretas ou então quando equivale a "pelo(s) qual(is)" ou "pela(s) qual(is)".	*Por que* ele saiu? Ela quer saber *por que* ele saiu. A razão *por que* saímos será esclarecida.
POR QUÊ	Em final de frases interrogativas.	Você fez isto *por quê*?
PORQUE	Quando equivale a "pois", "uma vez que" ou "pelo fato ou motivo de que".	Só *porque* o repreenderam, chorou. Não fui ao parque *porque* choveu.
PORQUÊ	É substantivo e vem antecedido por artigo.	Você sabe os *porquês* daquele fato?

Equívocos comuns – fuja deles!

1. Verbo haver
No sentido de existir, ele é invariável, ou seja, não tem plural.

> Existem árvores = *Há* árvores
> Existirão mudanças = *Haverá* mudanças (jamais "haverão")

Uma dica: se for possível substituir a expressão pelo verbo "existir" (sinônimo de "haver") ou a frase implicar tempo, devemos usar "há" e não "a".

> *Há* vários tipos de flor.
> A empresa funciona *há* cinco anos.

Observação: Não use "há dois anos atrás", pois é redundância. Use: "há dois anos" ou "dois anos atrás".

2. "Ciclo" vicioso
Evite. A forma correta é "círculo vicioso".

3. Ás/às
O melhor horário para a reunião é das 14 "às" 15 horas? O restaurante está aberto das 19h "ás" 23 horas? Jamais. "Ás" com acento agudo é aquela carta de baralho. Quando nos referimos a espaço ou tempo, o acento deve ser grave (às).

> Vou ficar esperando no aeroporto das 11h *às* 14h.

4. Faz/Fazem
Dizer "fazem cinco anos" é errado. O verbo fazer, quando exprime tempo, é impessoal. Portanto, use da seguinte forma:

Faz dois anos que ela se mudou.
Fazia três meses que eu não a vinha a este restaurante.

5. Eu/ Mim
Nunca diga "Para mim fazer". Mim não faz, porque não pode ser sujeito. Assim, use sempre:

Isso é para eu fazer?
Não dá para eu pegar isso, é pesado.

Observação: Se o "eu" não for sujeito, usa-se "mim" (Trouxe o livro para mim).

6. Uso da crase
Primeira dica rápida: não existe crase antes de palavra masculina ou plural. Por exemplo:

Venda a prazo
Andar a cavalo
Vestido a caráter
Bom dia a todos

Exceção: quando há a expressão "à moda de" embutida.

Salto à (moda de) Luís XV.

Segunda dica rápida de crase: na dúvida, substitua a palavra antes da qual aparece "a" ou "as" por um termo masculino. Se essas partículas se transformarem em "ao" ou "aos", use crase.

Dei presentes aos meninos/ Dei presentes às meninas.
Enviei uma carta ao diretor/ Enviei uma carta à diretora.

7. Assistir a

É errado dizer "Vou assistir o jogo hoje". A regência correta pede a preposição "a".

> Vai assistir ao jogo.
> Vai assistir à missa.

Observação: outros verbos que pedem a preposição "a":

> Eles obedeceram (desobedeceram) aos avisos.
> Aspirava ao cargo de diretor.
> Pagou ao amigo.
> Respondeu à carta.

8. Verbo preferir

Nunca diga: "Eu preferia ir do que ficar". Na linguagem falada, é até comum, mas na escrita o erro salta aos olhos, pode ter certeza. Prefere-se sempre uma coisa *a* outra, ou seja:

> Preferia ir a ficar.

9. Colocação de vírgulas

"O resultado do jogo, não o abateu". Um dos erros mais feios na linguagem escrita é separar com vírgula o sujeito do predicado. Portanto:

> O resultado do jogo não o abateu.

10. Verbo no singular ou plural?

É incorreto dizer "Aluga-se casas". O verbo precisa concordar com o sujeito. Vale sempre fazer a inversão para confirmar o uso. Se na inversão o verbo auxiliar ficar no plural, você deve usar plural na sua frase também. Alguns exemplos:

Aluga*m*-se casas (já que "casas *são* alugadas").
Faze*m*-se consertos (já que "consertos são feitos").
É assim que se evita*m* acidentes (já que "é assim que acidentes *são* evitados").

11. "O MESMO"
Considere o exemplo a seguir para entender:

> Não consegui falar com o juiz porque o mesmo foi almoçar.

Domingos Paschoal Cegalla, grande gramático e professor, adverte: "Evite empregar 'o mesmo' como substituto de um pronome". No caso acima, o ideal seria usarmos simplesmente "ele" no lugar de "o mesmo". Outro exemplo: em vez de "Seu pedido está pronto; o mesmo será entregue em meia hora", prefira: "Seu pedido está pronto. Ele será entregue em meia hora". Ou: "Seu pedido está pronto e será entregue em meia hora". Usar "o mesmo" para quê?

Observação: a palavra "mesmo" pode ser usada nas seguintes situações:

> É aqui mesmo a minha casa (= justamente aqui).
> O mesmo que eu disse a ela digo a você (= mesma coisa).
> Pedir-lhe ou não dá no mesmo (= a situação é a mesma).
> Mesmo exausta, foi ao supermercado (= ainda que exausta).
> Ela mesma trocou o pneu do carro (= ela própria).

Se você mora na cidade de São Paulo, deve se lembrar dos avisos nas portas dos elevadores: "Antes de entrar no elevador verifique se o mesmo encontra-se parado neste andar". Pois bem, essa foi uma lei bem mal escrita. A correção seria do seguinte modo: "Antes de entrar no elevador, verifique se ele se encontra parado neste andar".

Capítulo 10
Palavras finais

Pontos importantes na comunicação

Hoje em dia, num mundo onde tudo se vê, tudo se ouve, tudo se compartilha, o lado bom é que, se você fez uma boa performance, com sentimento, com emoção positiva, isso pode atingir milhões de pessoas. Ao mesmo tempo, se você fez alguma coisa que mais tarde pode envergonhar outras pessoas ou você mesmo, isso também pode alcançar milhões. Palavras são moedas. Saiba usá-las bem e economizá-las quando for preciso!

A seguir, apresento resumidamente uma série de dicas que, de alguma forma, foram abordadas ao longo deste livro:

- Comece uma fala sabendo qual é o objetivo dela. Pense em qual conteúdo da sua fala pode fazer diferença na vida de quem ouvir.
- Trabalhe em prol do bem comum. Uma boa comunicação não é uma competição em que um sai ganhando e o outro, perdendo. Todos podem ganhar.
- Lembre-se de que a comunicação é um turno linguístico: você fala, a outra pessoa responde, você se prepara para falar outra coisa. Por isso, respire

antes de falar! Você ganha tempo, relaxa e se sente presente naquele momento. Respirar fortalece sua essência vocal e tonifica o som e a qualidade de sua voz, o que é muito importante, pois o modo como usa a sua voz diz muito sobre você.

- Falar é uma decisão. Fale o que você quer dizer. Evite se interromper. Fale de maneira gentil, mas fale! Porque, para alcançar o sucesso, você precisa de coragem, e a coragem dá a você o poder de falar o que precisa ser dito. Não adianta ficar enrolando. Na hora de falar, fale com respeito e empatia. Se for desrespeitado, estabeleça seu limite. Se continuar sendo desrespeitado, retire-se da conversa até que o respeito seja possível de novo. Não existe coisa mais triste do que ver pessoas que não conseguem se ouvir, gritam e se ofendem. Lembre: faltou respeito? Remova-se da conversa.
- Uma forma de encontrar soluções para seus problemas e crises é fazer perguntas e ouvir respostas. Ouça as respostas que as pessoas dão e pense sobre a essência do que está sendo dito e como você pode colaborar. Acima de tudo, tenha em mente evitar confrontos.
- Não tema o silêncio. Ele é uma ferramenta poderosa, que pode ser usada para mudar focos de atenção, para dar tempo para a pessoa perceber o que está sentindo ou simplesmente para se retirar de uma conversa hostil ou fútil. O silêncio também é ótimo para pensar melhor antes de falar.
- Exponha-se. Mostre quem você é e a que veio. Coloque seu coração, sua atenção, seu eu, sua força, sua energia em todas as conversas – isso vai seguramente transformar suas relações, levando você a novos níveis de sucesso e felicidade.

- Lembre: as atitudes não verbais, como os meneios de cabeça, as expressões faciais ou os gestos, têm o mesmo valor de sua expressão verbal. Se suas mãos falam uma coisa e sua voz, outra, isso confunde o ouvinte, e quem sai perdendo é você, que não soube se comunicar da forma mais clara.
- Cuidado com palavras negativas, principalmente as muito intensas, como "nunca" ou "jamais". Elas nem sempre comunicam aquilo que você quer dizer de fato.
- Evite o uso excessivo de "mas" e reflita sobre a ordem de colocação dessa palavra na frase. Se falamos "Ele é bonito, mas mal-educado", isso quer dizer que se espera que todos os bonitos sejam bem-educados? Aqui não seria melhor usar a conjunção "e"? Quanto à ordem na frase, leia estes exemplos: "O jantar foi gostoso, mas foi caro" e "O jantar foi caro, mas foi gostoso". Perceba como a simples inversão altera o sentido das coisas. Um jantar caro, mas gostoso, pode querer dizer que valeu a pena. Um almoço gostoso, mas caro, talvez fosse melhor ter sido evitado. Refletir sobre o uso da palavra "mas" pode auxiliar você a ser mais claro.
- Evite falar mal dos outros ou criticar atitudes alheias, ainda mais de modo exacerbado ou muito intenso. Para que se indispor com as pessoas? Nenhum de nós é perfeito ou completo. Ninguém gosta de um juiz moral ali ao lado, apontando onde as pessoas erram, no que precisam mudar.
- Ainda sobre confrontos, evite relembrar continuamente palavras que você falou em um momento de raiva. Evite ficar reouvindo e remoendo o que foi dito, o que você respondeu. Se for obrigado a

contar a outra pessoa ou a retomar a situação com alguém, evite usar os mesmos verbos e adjetivos que usou quando estava com a "cabeça quente": dê exemplos mais tranquilos de como você se sentiu. As palavras podem expressar sensações e também podem criar sensações mais intensas. Cada vez que você relembra uma situação desagradável e a descreve, vai acrescentando mais emoções negativas à memória do fato. É como se você estivesse escrevendo um documento no computador e o salvasse identificando-o com um nome. Mais tarde você se recorda de um detalhe, abre o arquivo, o completa e o salva com outro nome, e assim mais umas duas vezes. Você deu quatro nomes diferentes ao mesmo fato, sempre acrescentando mais coisas a cada um deles. Imagine quanta sobrecarga emocional você dá a seu cérebro cada vez que fica remoendo situações de conflito. O cérebro reescreve informação sobre informação anterior; logo, se você fizer uma versão mais leve, é a que vai ficar por último, e isso ajuda você a lidar melhor e a se resolver internamente. Se você não fez algo intencionalmente, evite pedir desculpas. Em vez de se desculpar, agradeça a compreensão.

- Você discorda da maioria das pessoas que está conversando ou se reunindo com você? Pense: precisa mesmo falar sobre isso? Se sim, qual a melhor maneira de falar? Selecione um ponto da fala com o qual concorde e comece por aí. Em seguida, use o nosso famoso "ao mesmo tempo" e acrescente o seu ponto de vista, sem criticar o dos outros.

Você aprende com seus erros?

Entre todas as armadilhas que enfrentamos na comunicação, há uma em especial sobre a qual quero falar: as pessoas que não aprendem com os próprios erros.

Ao longo do livro, fui falando sobre aperfeiçoar e aprender. Passamos a vida aprendendo, seja a falar, a andar de bicicleta, a ler, a escrever, a contar, a falar inglês, a ter ideias. Quase todos nós crescemos ouvindo que os acontecimentos da vida sempre ensinam algo e que devemos estar alertas e motivados a aprender.

Afinal, como se aprende alguma coisa? Aprender é um processo constante e ininterrupto e, embora as janelas de oportunidade ofereçam momentos da vida facilitadores para certo tipo de aprendizagem, pode-se aprender a todo instante.

Aprender significa agregar novas informações à nossa memória. A aprendizagem não é mera absorção passiva de conteúdo; para que ela se concretize, é preciso interagir com uma rede de complexas operações que recebem, associam, combinam e organizam informações que chegam pelos meios externo e interno ao indivíduo. Quando este integra novas informações às que já tinha gravadas em seu cérebro, ele pode inclui-las em seu repertório e expressá-las, ou não, em seu comportamento, aprimorando-o.

Como vimos acima, além da contribuição do meio ambiente para a aprendizagem, devem-se considerar os processos cognitivos internos, isto é, como o indivíduo elabora a informação recebida e a incorpora na vida diária para adquirir novos hábitos e resolver situações-problema. As emoções são componentes essenciais ao funcionamento cognitivo e à aquisição de conhecimento.

Podemos aprender a não colocar a mão no fogo a partir de uma emoção vinda de uma experiência desagradável de queimadura. Mas também é possível aprender com emoções positivas derivadas de experiências agradáveis. É o que ocorre com uma criança que é elogiada toda vez que arruma a cama.

Em nossa vida somos submetidos às duas formas de estímulos. Aprendemos com a punição que sofremos quando erramos e com as recompensas que recebemos quando acertamos.

Então, incentivo você a tentar novos comportamentos. Treine, teste as dicas apresentadas neste livro, pratique a escuta, aprenda com as novas situações de vida e aplique sempre o que aprender – não se esquecendo de ser gentil com você mesmo. Vá adiante em direção ao que deseja e use o autoelogio sempre que tiver uma conquista: aja!

Reunir meu conhecimento neste livro para ajudar as pessoas a se comunicar melhor fez muita diferença na minha vida, pois isso me levou a organizar minhas palavras e meus pensamentos com a vontade de colaborar. Tornando as pessoas melhores, seguramente deixaremos nosso planeta melhor. E um planeta melhor é do que todos nós precisamos nesse momento.

Espero que esse livro faça diferença na sua vida.

Grande abraço!

Apêndice

Quadro de emoções

Como já vimos anteriormente, falar como está se sentindo ajuda a convocar a colaboração do outro. Para isso, é importante melhorar seu vocabulário emocional, e nisso o quadro de emoções pode ajudar você. A cada situação de conflito, estresse ou angústia, ou mesmo em bons momentos, observe o quadro ao lado, dividido em emoções positivas e negativas, e identifique o que sente. Anote em um papel. Tente perceber se existem outros sentimentos ou emoções que poderiam expressar melhor aquilo que está ocorrendo dentro de você. Anote também em um papel. Observe as duas palavras e tente identificar as nuances de cada uma. Esse é um desafio constante e diário que temos de fazer para gerenciar melhor nossas emoções e ampliarmos nosso vocabulário, indo além das palavras "triste", "contente", "feliz", "ansioso", "magoado" ou "envergonhado". Você consegue!

AFETUOSO	ABANDONADO
AGRADECIDO	AFLITO
ALERTA	ANSIOSO
ALIVIADO	APÁTICO
AMOROSO	ARREPENDIDO
ANIMADO	ATORMENTADO
APAIXONADO	BRAVO
ASSERTIVO	CANSADO
BEM-HUMORADO	CARENTE
CALMO	CAUTELOSO
CARINHOSO	CÉTICO
COMPETENTE	CHATEADO
COMPREENSIVO	CHOCADO
COMPROMETIDO	CHOROSO
CONCENTRADO	CONFUSO
CONFIANTE	CONSTRANGIDO
CONFORTÁVEL	CULPADO
CONSCIENTE	DEFENSIVO
CONTEMPLATIVO	DEPRIMIDO
CONTENTE	DESAMPARADO
CORAJOSO	DESANIMADO
CRIATIVO	DESAPONTADO
CURIOSO	DESESPERADO
DECIDIDO	DESGOSTOSO
DESAFIADO	DESILUDIDO
DESPREOCUPADO	DESMOTIVADO
EMOCIONADO	ENCIUMADO
EMPÁTICO	ENOJADO
EMPOLGADO	ENTEDIADO
ENCANTADO	ENVERGONHADO
ENTUSIASMADO	ESTRESSADO
EQUILIBRADO	EXALTADO
ESPERANÇOSO	EXAUSTO
EUFÓRICO	EXCLUÍDO

EXTASIADO	FERIDO
EXULTANTE	FRUSTRADO
FALANTE	FÚNEBRE
FELIZ	IMPACIENTE
FLEXÍVEL	INCOMODADO
GENEROSO	INFERIORIZADO
INDEPENDENTE	INQUIETO
INSPIRADO	INVEJOSO
LEVE	IRADO
LIVRE	IRRITADO
LÚCIDO	ISOLADO
MOTIVADO	LETÁRGICO
OUSADO	MAGOADO
ORGANIZADO	MALDOSO
ORGULHOSO	MAL-HUMORADO
OTIMISTA	MEDROSO
PACIENTE	NERVOSO
PACÍFICO	OFENDIDO
PERSEVERANTE	PARALISADO
PLENO	PATÉTICO
RADIANTE	PERPLEXO
RELAXADO	PESSIMISTA
RESPEITADO	PREGUIÇOSO
REVIGORADO	PREOCUPADO
SATISFEITO	RANCOROSO
SEGURO	REJEITADO
SENSÍVEL	REPULSIVO
SERENO	SOLITÁRIO
SINCERO	SONOLENTO
SOLÍCITO	TACITURNO
SOLIDÁRIO	TENSO
SONHADOR	TRAÍDO
TRANQUILO	TRISTE
ÚTIL	VITIMIZADO
VIGILANTE	VULNERÁVEL

Teste 1: situações delicadas

Veja a quantas anda sua capacidade de reagir bem a situações de desconforto e dar boas respostas:

1. Uma amiga pediu seu livro favorito emprestado e está demorando para devolver, e agora você precisa dele. Você:
    a) liga para ela e diz que ama seus livros e que ela já ficou tempo demais com aquele volume e que precisa devolver.
    b) vai até a casa dela e pede o livro, dizendo que precisa muito dele.
    c) liga para ela e pergunta se ela se sentiria confortável se você ligasse novamente à noite para ajudá-la a se lembrar de trazer o livro na manhã seguinte.

2. Um amigo pede que você dê uma opinião sobre a nova decoração do apartamento dele, da qual você não gostou. Você diz:
    a) "Esta decoração pode parecer muito bonita para você, mas para mim não serve".
    b) "Gostei de você colocar muitas cores na casa! Eu gostaria de saber usar as cores desta forma tão ousada".
    c) "Nossa! Estou em dúvida se gosto dessa mistura de estilos, mas parabéns pelo seu novo apartamento!".

3. Seu companheiro de mesa tem um pedaço de salsinha no dente. Você diz:
    a) "Fulano, acho que é bom você olhar no espelho".
    b) "Fulano (e faz o gesto de tocar no dente com o dedo)".
    c) "Fulano, quando você comeu salada ficou com salsinha no dente da frente. Melhor tirar".

4. Sua chefe pede sua opinião sobre um assunto desconhecido no meio de uma reunião e você simplesmente paralisa. (Observação: essa fala de improviso numa situação desafiante se chama *cold call* e pode trazer certa ansiedade. De cara, respire levemente antes de responder. Fazendo isso, você informa a seu cérebro que está calmo e, eventualmente, ele vai dar uma resposta de relaxamento e você vai conseguir pensar. Coloque delicadamente uma mão sobre a outra, mova levemente os braços para dispersar a tensão.) Você diz:
a) "Não sei nada sobre isso, lamento".
b) "Estava pensando enquanto você falava... Concordo com o que você disse e acredito que este tema mereça mais reflexão".
c) "Concordo com todas as suas ideias".

5. Você recebeu um feedback negativo do seu chefe. Você diz:
a) "Agradeço a sua opinião. Você tem razão. Eu poderia me colocar melhor em muitas situações, e isso me ajudaria a ser um líder melhor e um parceiro de trabalho mais valioso. Vou aprender".
b) "Isso é bastante injusto de sua parte. Você bem sabe que não fiz melhor porque você sempre me entrega tudo em cima da hora".
c) "Está bem. Ouvi. Há sempre os que fazem bem e os que fazem mal. Não sei se concordo com a sua opinião".

6. Seus cunhados reclamam que você nunca quer encontrá-los. Você diz:
a) "Vocês sabem que meu tempo é curto e que vocês moram longe. Compreendam".
b) "Isso é algo para se pensar com carinho. Eu ando

bastante ocupado nos últimos tempos. Vamos tentar marcar um encontro uma vez por mês?".
c) "Veja, isso não é coisa minha. É o(a) Fulano(a) que demora a decidir se quer ir visitar vocês".

7. Um parente critica seus óculos ou seu estilo de vestir. Você diz:
a) "Quero conseguir pensar numa boa razão para você me dizer isso agora". (Então, você muda de assunto e chama a atenção para algo mais neutro, como o clima, a comida ou a música do ambiente.)
b) "Deus meu! Eu pedi sua opinião? Vamos falar sobre o quanto você engordou desde o mês passado".
c) "Você realmente não gosta de nada que eu faça, não é? Sabe o que é isso? Inveja!".

8. Sua mãe está reclamando de você mais uma vez e você se sente mal com as críticas. Você diz:
a) "Mãe, você tem direito a três reclamações por semana. Uma já foi; podemos falar agora de uma coisa boa para nós?".
b) "Mãe, aprendi tudo isso com você, logo, você me ensinou errado".
c) "Mãe, você pensa que sua opinião importa? Não importa nada, nadinha".

9. Você se esqueceu do aniversário de um amigo, e isso nunca ocorre com ele, que sempre o cumprimenta na data certa. Você fala:
a) Nada. Fica em silêncio e manda flores.
b) "Feliz aniversário atrasado. Pessoas que se estimam sempre estão em tempo. Vamos fazer uma comemoração especial? Quando você poderia?".

c) "Eu me esqueci. Mas não faz mal, não é? O que é uma data? Só um número. Vou caprichar no seu presente".

10. Você magoou os sentimentos de alguém muito próximo. Você diz:
a) Nada e finge que não percebeu.
b) "Eu sei que você deve estar magoado(a) comigo, mas não tinha outro jeito de fazer isso, desculpa".
c) "Eu sei que magoei você hoje. Eu deveria ter te apoiado e fui incapaz, senti-me fraco. Você pode compreender minha fraqueza e me perdoar?".

Sugestão de respostas:

1. c	2. b	3. a ou b	4. b	5. a
6. b	7. a	8. a	9. b	10. c

Teste 2: Como você se comunica?

Agora responda ao teste ao lado para descobrir de que maneira você se comunica com as outras pessoas. Faça um X no campo que melhor indica a frequência com que você apresenta o comportamento mencionado em cada item, considerando um total de 10 vezes em que poderia se encontrar na situação descrita. Na hora de responder, utilize o seguinte parâmetro:

- NUNCA = em cada 10 situações desse tipo, reajo dessa forma até 2 vezes.
- RARAMENTE = em cada 10 situações desse tipo, reajo dessa forma de 3 a 4 vezes.
- ALGUMAS VEZES = em cada 10 situações desse tipo, reajo dessa forma de 4 a 6 vezes.

FALEI SEM PENSAR

- **FREQUENTEMENTE** = em cada 10 situações desse tipo, reajo dessa forma de 6 a 8 vezes.
- **SEMPRE** = em cada 10 situações desse tipo, reajo dessa forma de 8 a 10 vezes.

COMPORTAMENTO	Sempre	Frequentemente	Algumas vezes	Raramente	Nunca
1. Escuto com atenção quem fala comigo.					
2. Mantenho contato visual com quem fala comigo.					
3. Entendo primeiro o que escuto e só então respondo.					
4. Lembro-me de quase nada do que ouço da conversa.					
5. Detecto o estado emocional de quem fala pela sua expressão facial.					
6. Tenho dúvidas se as pessoas entendem tudo o que eu falo.					
7. Presto atenção nos meus gestos.					
8. Presto atenção na minha postura enquanto falo.					

9. Presto atenção na minha expressão facial.					
10. Tenho dificuldades de discordar do outro de maneira elegante.					
11. Sinto-me bem se lidero o diálogo.					
12. Sinto desconforto se fico ouvindo muito tempo sem falar.					
13. Esqueço o que vou falar.					
14. Falo tudo o que penso.					
15. Interrompo quem está falando sempre que discordo dele(a).					
16. Consigo enxergar os fatos pelo ponto de vista do outro.					
17. Sei me colocar no lugar de quem me ouve.					

FALEI SEM PENSAR

18. Percebo quando meu interlocutor sente desconforto com o que digo e mudo rapidamente o que e como estou falando.						
19. Não sei me expressar usando humor.						
20. Eu me expresso sem clareza.						
21. Tenho dificuldade em aceitar sugestões de colegas e amigos para melhorar minha maneira de falar.						
22. Sinto-me desconfortável ao conversar com meus chefes e superiores.						
23. Sei lidar com reações desagradáveis ao que falei.						

24. Tenho dificuldade em perceber se meus interlocutores concordam com minhas opiniões ou não.					
25. Sinto desconforto se criticam minhas ideias.					
26. Sinto-me à vontade se meu jeito de falar é avaliado negativamente.					
27. Sei gerenciar minhas emoções ao falar.					
28. O silêncio me traz desconforto.					

Além de este teste ser útil para você refletir sobre si mesmo, use esta escala para conversar com alguém sobre seu desempenho. Resultados de pesquisa sobre autoavaliação contam que somos autoavaliadores sofríveis ou medíocres. Por esta razão, quaisquer opiniões e sugestões de amigos e parentes, desde que generosas e desinteressadas, são sempre bem-vindas!

Teste 3: Quem é você?

A proposta de auto-observação abaixo é distribuída em duas partes. Vale a pena refinarmos nossa percepção sobre o próprio desempenho, pois aprendemos com isso, e este é nosso objetivo principal: aprender. Na primeira parte, você vai refletir sobre quem pensa ser. Na segunda, refletirá sobre quais atributos quer ganhar para se transformar a partir de uma mentoria própria em comunicação.

I. Pense sobre como você é e escolha, em cada linha, uma qualidade que melhor o(a) define.

1. Organizado(a)   Criativo(a)   Independente   Entusiasmado(a)
2. Pontual   Comunicativo(a)   Curioso(a)   Divertido(a)
3. Minucioso(a)   Flexível   Agregador(a)   Competitivo(a)
4. Responsável   Cauteloso(a)   Analítico(a)   Estrategista
5. Comprometido(a) Sensível   Contemplativo(a)   Corajoso(a)
6. Cuidadoso(a)   Cooperativo(a)   Técnico(a)   Enérgico(a)
7. Assertivo(a)   Afetuoso(a)   Autônomo(a)   Aventureiro(a)
8. Respeitoso(a)   Autêntico(a)   Competente   Generoso(a)
9. Previsível   Atencioso(a)   Investigativo(a)   Espontâneo(a)

II. Ao tomar uma decisão, você gosta de:

Ter um plano   Conversar com outros
Coletar todas as variáveis Confiar na intuição

III. Ao trabalhar com outros, você se vê como:

Treinador(a)   Jogador(a)   Solucionador(a)   Desafiador(a)

IV. Você se sente confortável e eficiente em um ambiente que apoie seu senso de:

Estabilidade   Harmonia   Privacidade   Liberdade

Agora que você já se autoanalisou e refletiu sobre suas possíveis qualidades, pense em quais atributos quer ganhar para se transformar e na imagem que deseja *projetar* para o interlocutor a partir dos progressos em sua comunicação. Como gostaria de que os outros vissem você?

I. A cada item abaixo, pense em uma qualidade que você quer desenvolver e a selecione. Mantenha essas palavras dentro do seu campo de visão para aguçar sua atenção naquilo que deseja desenvolver.

1. Organizado(a)	Criativo(a)	Independente	Entusiasmado(a)
2. Pontual	Comunicativo(a)	Curioso(a)	Divertido(a)
3. Minucioso(a)	Flexível	Agregador(a)	Competitivo(a)
4. Responsável	Cauteloso(a)	Analítico(a)	Estrategista
5. Comprometido(a)	Sensível	Contemplativo(a)	Corajoso(a)
6. Cuidadoso(a)	Cooperativo(a)	Técnico(a)	Enérgico(a)
7. Assertivo(a)	Afetuoso(a)	Autônomo(a)	Aventureiro(a)
8. Respeitoso(a)	Autêntico(a)	Competente	Generoso(a)
9. Previsível	Atencioso(a)	Investigativo(a)	Espontâneo(a)

II. Como acha que os outros enxergam seu processo de tomada de decisão? Segundo eles, ao tomar uma decisão, você gosta de:

Ter um plano   Conversar com os outros
Coletar todas as variáveis   Confiar no instinto/intuição

III - Ao trabalhar com os outros, como acha que eles o veem na maioria das vezes?

Treinador(a)   Jogador(a)   Solucionador(a)   Desafiador(a)

IV. Qual dessas suas preferências no ambiente de trabalho você acha que transparece mais aos outros?

Estabilidade   Harmonia   Privacidade   Liberdade

Sugestões de livros ou vídeos

ALEXANDER, Jessica J. e SANDAHL, Iben D. *Crianças dinamarquesas: o que as pessoas mais felizes do mundo sabem sobre criar filhos confiantes e capazes*. Rio de Janeiro: Fontanar, 2017.

ALVAREZ, Ana. *Cresça e apareça*. Rio de Janeiro: Record, 2005.

BEHLAU, Mara; PONTES, Paulo; MORETI, Felipe. *Higiene vocal: cuidando da voz*. 5.ed. Rio de Janeiro: Revinter, 2017.

BORBA, Michele. *Unselfie: Why Empathetic Kids Succeed in Our All-About-Me World*. Touchstone: Nova York, 2017.

BROWN, Brené. *A coragem de ser imperfeito*. Rio de Janeiro: Sextante, 2016.

BROWN, Steve. *How to Talk So People Will Listen*. Ada, Michigan: Baker Books, 2005.

CARNEGIE, Dale. *Como fazer amigos e influenciar pessoas*. Rio de Janeiro: Sextante, 2019.

CIALDINI, Robert B. *As armas da persuasão*. Rio de Janeiro: Sextante, 2012.

CUDDY, Amy. *O poder da presença*. Rio de Janeiro: Sextante, 2016.

DWECK, Carol S. *Mindset: a nova psicologia do sucesso*. Rio de Janeiro: Objetiva, 2017.

EIKENBERRY, Kevin. "Seven Ways to (Really) Engage People". *Leadership & Learning*. Disponível em: <https://blog.kevineikenberry.

com/leadership-supervisory-skills/seven-ways-to-really-engage-people/>. Acesso em: 14 jul. 2021.

GALINSKY, Adam e SCHWEITZER, Maurice. *Friend & Foe: When to Cooperate, When to Compete, and How to Succeed at Both*. Nova York: Crown Business, 2015.

GIRARDI, Liráucio Jr. *Pierre Bourdier: questões de sociologia e comunicação*. São Paulo: Annablume/Fapesp, 2007.

GOLEMAN, Daniel. *Inteligência emocional: a teoria revolucionária que redefine o que é ser inteligente*. Rio de Janeiro: Objetiva, 1996.

KYRILLOS, Leny e SARDENBERG, Carlos Alberto. *Comunicação e liderança*. São Paulo: Contexto, 2019.

MORIN, Amy. "How to Stay Mentally Strong When You're Experiencing a Crisis". *Inc.*, 11 mar. 2019. Disponível em: <www.inc.com/amy-morin/10-ways-to-stay-mentally-strong-when-your-world-is-falling-apart.html>. Acesso em: 14 jul. 2021.

PIERSON, Rita. *Every Kid Needs a Champion* (vídeo). TED Talks Education, maio 2013. Disponível em: <www.ted.com/talks/rita_pierson_every_kid_needs_a_champion>. Acesso em: 14 jul. 2021.

TREASURE, Julian. *How to Speak So That People Want to Listen* (vídeo). TED Global, jun. 2013. Disponível em: <www.ted.com/talks/julian_treasure_how_to_speak_so_that_people_want_to_listen?referrer=playlist-the_art_of_meaningful_conversa>. Acesso em: 14 jul. 2021.